我的存在
是世界上最美好的
禮物

我的存在
是世界上最美好的
禮物

莊雅菁（小N）——著

被拒絕，不代表自己不夠好
有人不了解你，不代表你不值得被了解

# 我的存在是世界上最美好的禮物

原水文化

推薦序

# 深信自己的獨特，無條件地多愛自己一些。

舒靜嫻（陽光基金會執行長）

約莫五年前，正值雅菁出版第一本書《酷啦！我有一雙鋼鐵腳》之後沒過幾天，新北市八仙樂園發生一起震驚全國的重大燒燙傷意外事件，使得四九九名傷者和他們家庭的命運從此改變。

在這之後一個月（七月十八日），出版社為雅菁舉辦了新書分享會，當天募得三百本新書，並請陽光基金會轉贈給八仙塵燃的年輕傷者，盼能藉由雅菁的故事，帶給他們一些鼓舞和力量。

還記得，新書分享會的現場聚集了很多讀者，而雅菁不僅分享她從十三歲受傷、蟄伏了六年，直到轉念、面對問題、接受自己、找到生命意義的心路歷程，還第一次公開露了一手吉他，彈奏了〈You raise me up（你鼓舞了我）〉。那真是一場不容易的表演，因為雅菁只有一隻完

# 推薦序一

好的右手，是經過怎樣的苦練，才能在眾人的面前，彈奏完這首曲子啊。臺上的雅菁，已經是個立定目標、再苦也堅持不懈的女孩了，而當年的她才二十二歲。

接下來，雅菁不辭辛勞，和媽媽一起奔走在各醫院的燒燙傷病房，一連串探訪、鼓勵傷友的行程，四個月後，也陸續到各地的陽光重建中心，分享她的故事，為剛踏上辛苦復健歷程的年輕人打氣。

這位跟臺下數十位傷友年齡相仿的「資深學姐」，深知他們正在承受的苦，她用自己的生命經驗告訴他們「我可以，你一定也行！」投影片最後，是雅菁登上海拔三千兩百公尺雪山東峰的照片，她跟學弟妹約定好，未來要一起去爬山。

時隔五年，那個擁有一雙鋼鐵腳的酷女孩，要出第二本書了。這些年來，在媽媽無條件的愛與無比智慧的陪伴下，雅菁對生命的體悟愈益深刻也更加成熟。她不僅是一位出色的生命教育講師，同時繼續探索自己的無限可能——包括一般人甚且覺得吃力的路跑。

我想，那股驅使她不斷勇敢前行的動力，是她深信自己獨特的價值，是如此的純粹而美好，她的存在就是世界上最美好的禮物。看過雅菁的故事，讓我們都開始省思，要無條件地多愛自己一些，世俗標準不該是困住自己的枷鎖。練習轉念，重新找到心靈的自由，世界也將更為寬闊。

# 推薦序一

## 她身體殘缺的痕跡，祝福無數靈魂，包括我。

張芸京（輕搖滾女聲）

二〇一九年初，正好是我經歷人生中極大低谷的時刻。一個輾轉難眠的夜裡，一個我正跟自己內心拉扯、極其破碎痛苦的時刻，雅菁的生命經歷，鼓舞了我的心。那時候，我在家庭、經濟與人際關係中，都有著極大的破裂與絕望。

還記得那一天，正愁算著生計，奔忙了一整天。到了晚上，我疲憊地躺在床上，什麼事都不想思考，就只是拿著手機滑。偶然間，就滑到電視臺訪問雅菁的影片。第一時間，我關注的不是訪談的內容，而是她受傷的臉龐，因為車禍意外引起的火，把她燒到幾乎面目全非。我的心受到極度震撼，震撼到難以言喻。

「她，怎麼會有勇氣面對鏡頭？」這個疑問，在我心中蔓延著。燒傷的痕跡其實已經夠嚇人了，接著，我看見她的四肢，只剩下一隻右手完整，其他不是斷了，就是損了。剩下「半隻」的左手，只有上手臂，竟然還可以彈吉他。雅菁用的是左撇子專用的吉他，她用有手指的右手來按弦，用裝上「吉他手」義肢的左手來彈（這是難度很高的，會彈吉他的人都知道）。看著這樣讓人瞠目結舌的畫面，我只覺得「這女孩，有著超乎常人的韌性。」

畫面繼續播放著。她的生活起居，更是令我欽佩。她用半隻左手和右手撐著地板，從家中的一個角落，不借助任何人、自行移動到床上的畫面，深深地烙印在我的腦中。這樣的生活模式，說有多不方便，就有多不方便，但是她選擇接受，並勇敢面對。這畫面把我逼出了眼淚。這眼淚，似乎是說明著「遭遇這樣的事，好好活著有多不容易！」

我想，我正面臨到的、正經歷到的那些絕望，難道有她絕望嗎？我感受到的無助與軟弱，能有她感受到的一半嗎？因著她的勇敢，我開始感恩，感恩上帝給我的試煉，即使我們以為那些都超過我們能承受的。我更心疼上帝給了她如此大的考驗。換做是我，我不能肯定自己是否能像她一樣。

## 推薦序二

那一夜，我看著雅菁用殘缺身體努力過生活的故事，即使只有一隻右手，仍「親手」創業、做拼豆飾品，她既專業又認真。不自怨自艾的人生態度，大大鼓勵了我的心。我的心，漸漸從灰暗轉為明亮。忽然期待著，未來某一天，可以認識她本人，並親口跟她說聲謝謝，謝謝她勇敢面對考驗，讓我這樣好手好腳的孩子，立志「既然雅菁可以，我也可以！」像她一樣，不再自憐、勇敢面對。

說也奇妙，上帝竟真的把雅菁帶到我的面前，一圓我超想認識她的心願。在看過她的故事沒隔多久，我的教會舉辦的福音餐會上，雅菁竟是受邀的講員，這實在是讓我又驚又喜。我相信，這絕非偶然。現場聽她侃侃而談自己的故事，讓我受益匪淺，在人與人之間的關係恢復上，我也從中得到很大的勇氣。雅菁的生命能成為許多靈魂的祝福。

拜讀新書書稿後，我發現雅菁有著非常好的文字能力，無法相信，她是自己口中說的那個不愛讀書、課業不出色的小屁孩。我欣賞她的真誠與真實，還有那份極為細膩、願意給人安慰、願意付諸行動去愛人的心腸。

或許這世上有很多的事，等待著我們去完成，有的人一生追求愛情，有的人一生追求成就，有的人或許只求三餐溫飽就好。我的牧師說過「生命不在乎長短，乃在乎內容。」然而，雅菁的生命有著非常「超越」的心志，她主動讓自己生命中的缺憾，成為別人生命中的滋養。透過她的現身說法，這片看似醜陋的燒傷痕跡，化為一篇篇鼓舞人心、引導讀者更認識自己的美麗篇章。

她選擇用看似不堪的過往，祝福無數的人，包括我。這本書的書名《我的存在是世界上最美好的禮物》，適用於每一個人，你和我都可以像雅菁一樣，成為世界上最美好的禮物，送給別人，更送給自己。

此時此刻，能為雅菁寫這篇推薦序，心中實在是驚喜萬分。上帝的安排如此獨特，我也想趁機提出一個小小邀請，不如我們來共同創作一首歌，把我們的生命故事寫進去，一起來合唱。這樣或許可以祝福到喜歡音樂的孩子們。（京京等待菁菁的回覆。）最後，不免俗的要預祝《我的存在是世界上最美好的禮物》新書大賣，哈利路亞！水啦！

# 推薦序二

## 放下對她的不捨，才能重拾對她的信任。

**馮順服**（福音講師、作者母親）

有一天，和女兒雅菁一起去鎮公所辦事情，因為車子可以停靠的地方比較遠，需要走一段路，我打算放女兒先在鎮公所門口下車，我停完車再走過來跟她會合。女兒說「不用喔，就一起去停車，等等我們就一起走嘛，這是我訓練大腿肌肉的好機會！」我這個做媽媽的，不得不打從心底佩服她對痛的忍耐度，也學著用正面態度，來看她特別的生存之道。

一路走來，我一次又一次練習放下對她的不捨，唯有如此我才能重拾對她的信任。我必須先相信，她可以做到，她才有可能做到。雅菁面對挑戰時，不習慣偷懶，也不會只找容易做的事來做，她總是默默地完成一件又一件的功課。從一個不覺得人生有任何希望的孩子，因著敞開破碎的心，接受天父與每個人對她的愛憐，而能不被負面擊垮，選擇被愛包圍。

雅菁比任何人都懂得要抓住每次的機會。即使身心靈疼痛不堪，還是要走、要跑、要完成她心中所渴望的一切夢想。這是不曾失去的人，所不能理解的積極態度。第二本書是她的夢想之一，現在也出版了。

人在經歷失敗、歷經心痛的感覺後，還會願意再冒險一次、再談一場戀愛、再一次創業、再一次饒恕他人、再一次與自己和好，這些選擇都需要「先接受」，就會找到新的答案。這是看著女兒生命而獲得的智慧之道。選擇饒恕，或許無法忘記所有的傷害，不過能阻止過去繼續傷害現在的自己。如此一來，才能創造不一樣的未來。

看著她沒手沒腳、帶著不完整的面貌，卻接受自己、愛惜自己、喜歡自己，快十三年了。完全沒有想過，如今的她，能這樣享受生活，

推薦序二

不受環境限制，勇敢、主動地去創造機會，這不就是一位領袖在做的事嗎？我曾經告訴過她「孩子，妳的生命很寶貴。」寶貴的生命就在醫師決定搶救的那一刻，就發生了。天地萬物都是後盾，天父看見了雅菁的寶貴，便把所有貴人與天使，都安排在她的身邊，給予幫助，讓她真實體驗到「活下來是最棒的禮物」。

曾經何時，我們都不知道自己的價值和意義，跟著世界訂下的遊戲規則過日子，各忙各的，甚至關係疏遠。一場意外車禍闖進我們的生活，我們開始體驗新的價值觀、新的身分、新的人生，一場華麗的冒險就此展開，我們母女更認識彼此，也更同心。享受真正的親子關係，一起創造不可勝數的美好回憶，並相信未來還有很多的禮物等著我們一起去尋。我們不僅要自己得著一份一份的禮物，也要帶著別人一起去明白並得著這份美好的禮物，讓每個家庭都明白關係才是最寶貴的，彼此相愛，才是祝福的開始。

雅菁，我的女兒，我以妳為榮。我期待她能繼續活出天父給予的寶貴生命，祝福自己、照亮他人。我和她說好了要一起環遊世界，她也答應我，要讓我當她永遠的司機。面對持續突破自己的雅菁，開車這個工作是我這個當媽的，最能勝任的工作了。謝謝每一位欣賞我們的人，你們的支持與關懷，陪著我們走到現在，願慈愛的天父繼續的在你們的生命與家庭中，賞賜加倍的禮物。

# 推薦序四

## 痛苦煎熬的過程，幻化成一顆顆奪目寶石。

王雅文（臺中北屯社區大學講師）

「苦難是上帝化了妝的祝福。」把這句話用在雅菁身上，再貼切不過了。多年前，在羅莎莉亞國際同濟會舉辦的富裕一生公益講座上，是我第一次遇見雅菁。她是當天的講員。印象很深的是，當她緩步但平穩地走到臺上後，聽眾的目光就再也沒能從她的身上移開過了。沒有怨天尤人，只有平靜分享發生在她身上的一切磨難，明明是那麼痛苦煎熬的過程，從她口中說出來，那些印記卻幻化成一顆顆奪目的寶石。

隔年，社團再度邀請雅菁，前往女子監獄為受刑人演講。記得那天演講結束後，有很多受刑人舉手發言，表達對她的讚嘆與感佩「妳一定要堅強的活下去，妳的人生是很美好的。」「看到妳面對磨難的態度，我想，我以後出去一定能好好重新開始。」雅菁所散發出來的正向能量，總是能微妙地轉化環境與氛圍，當場感受到的美善與祥和，真的很令人動容。「不太可能吧？」「怎麼可能做得到？」從單手削蘋果、彈吉他，還有登玉山、跑馬拉松的體驗，雅菁在在用行動來告訴大家：我都可以了，你（妳）一定也可以！

因為她的邀約與激勵，我和她一起參加非洲救鞋救命的馬拉松慈善路跑活動。對我來說，這是值得記錄的第一場馬拉松。對不常運動的我來說，長距離的跑步是苦不堪言的。但看到穿著沉重鋼鐵腳的她一路飛奔，就覺得自己也不能停下來。追隨著雅菁的腳步，不知不覺也就跑完了全程。

有幸和雅菁因演講結緣，一路以來見證了她的成長與力量。她對生命的豁達、勇敢、積極與感恩，讓人感動，給人激勵，她的書、她的文字都值得推薦給大家。鋼鐵女孩，妳很可以，妳好棒！

# 推薦序五

## 真正的神蹟不是死而復生，而是生命的改變。

**趙宏澤**（撈王餐飲集團創辦人）

認識雅菁是在上帝安排的計畫之中，感謝主，讓我有榮幸來替雅菁的新書做推薦。和每一位讀者一樣，我也很難想像，在雅菁生命中所面對的遭遇：四肢只剩下一肢、身體超過百分之七十的重度燒傷、聽力受損，還有長期的復健與重建手術。任何一樣臨到我們的身上都很難承受，更何況碰上這些事情時，她只有十三歲。

真正的神蹟，從來都不是人死而復生，乃是生命的改變。臺灣有一句諺語說「牛牽到北京還是牛。」人，是很難被改變的，不論是個性，還是做人處事的態度，除非遇見「愛」。因著這樣的意外，讓雅菁重新看待自己的生命，才知道，原來愛一直都在，只是曾經的自己，眼睛被蒙蔽了。

莊媽媽對雅菁的愛，始終沒有改變，她告訴一度很喪志很自卑很不想活下去的雅菁「不是你會什麼我才愛你，不論你變得如何，我都會愛你。以前是，現在也是。」

遇到困難時，可以有兩個選擇：面對和放棄。放棄最簡單，面對談何容易，但只要不放棄，就會有希望。我們都不太認識自己，也不知道自己想要的是什麼，雅菁也是。但她一路走來，愈來愈認識自己後，才發現自己生命之所存在的意義。

因著上帝的愛，介入我們的生命當中，於是我們開始學會感恩、珍惜和給予。人，最大的不幸，就是不知道自己是幸福的，上帝為了要讓我們學會看見，就安排一系列失去的課程，讓我們透過失去，去學習感恩、珍惜現在所擁有的。我們該為自己心臟正常跳動而感恩，該為自己有手有腳而感恩。這一切，都不是理所應當的。

# 推薦序（五）

雅菁教會了我們「你不需要很厲害才能開始，但你需要先開始，才會很厲害。」人的腳步為耶和華所定，人豈能明白自己的路呢？（聖經箴言20：24）一九七九年的諾貝爾和平獎得主德雷莎修女說，她只是上帝手中的一支小鉛筆，圖畫的好，是上帝畫的，不是鉛筆。願你我都能把自己這支小鉛筆準備好，交給上帝來使用，成為這個世代的祝福。願上帝的祝福臨到你和你身邊的人。

# 推薦辭

王建煊（監察院前院長）

苦難不是負擔，苦難是成功的種子，
一如莊雅菁的人生，就是最美好的見證。
這本書，很值得大家細嚼慢嚥！

# 不再猜測離目標有多遠，只需相信總會有到達的一天。

莊雅菁

距今大概快五年了，我在出版第一本書後，生活、接觸的人事物、演講的場合、出席的活動等，都跟著變得不一樣了。最有感覺的是「變得忙碌」。有一陣子，我甚至一天要跑三場演講，那時候的我，每次活動結束、回到家，真的就是倒頭就睡。

因為我在粉絲團發了一篇又一篇的文章，以自身經驗、鼓勵八仙塵暴的朋友，引起了不小的迴響。在我尚未調適出書後的改變時，我已經收到大批網友給我的訊息，有鼓勵的，也有指教的，批評的當然也有。

後來，我的一舉一動似乎成為許多人注目的焦點，讓我以為身為作家、生命教育講師，就不能犯錯、不能有偏頗的情緒、不能表達喜怒哀樂、不能傳達負面的情感或能量。那時，我無法做自己。我驚覺自己過度在意他人給予的評論，過度在乎粉絲專頁被收回的讚數。我會因為每一位不認識的人的小舉動，難過生氣（氣自己）很長一段時間。

還記得，寫這本書的時候，我正深陷一個憂悶的情緒裡，被許許多多的事牽絆著，體會到什麼是失去動力的感覺。我一直誤解的是，我必須維持樂觀，才能夠去祝福他人。所以這本書一拖再拖，每當情緒低潮來襲，我就覺得我寫不出來，我就覺得我打出來的文字，不適合被看見。我想等到完全脫離低潮期，再開始。

只是我太高估自己了，人根本無法永遠處於愉悅的氣氛裡，偶有的悲觀是人之常情，但這並不代表我充滿負能量。我在順遂的時候，總是可以帶著很自豪的心，認為自己很行，一旦經歷逆境的試探，才知道自己沒那麼勇敢，也可以不用時時刻刻都這麼勇敢。或許因為我不夠認識自己，才以為我可以完全掌權我的人生、我的情緒。

世界會告訴我們要扛起很多責任，但是想扛的事情變多了，笑容就變少了。別人看見的時候，我是陽光、正向、充滿能量的生命講師，別人看不到的時候，我把生活過得一團糟一團亂，活在低谷裡，活在等待裡。我等待自己可以更突破，卻每天起床的時候，都在問自己「我起床要幹嘛？」心裡頭埋怨著，天父是不是又忘記我了。

我向天父支取力量與愛，像個孩子般，自在的尋求幫助。後來，才總算懂了，每個人都會經過一段豐盛，接著經過一段考驗，那些隱藏在背後的淚水與哭喊，都會為下一段豐盛進行灌溉與滋潤。我之所以能對生命愈來愈有信心，是因為我在不斷地試驗中，抓住天父給我的應許，而不是因為埋怨而錯過了這些體悟與感受。

人慢慢長大，對自己總會有所期待，我也是。想要有出色的成績、想要有傑出的表現、想要有不凡的成就，但這些事物並不等於我們的價值，如果把這些當成增值的籌碼，一輩子都會活得很辛苦。當我愈認識這個信仰，才知道自己不是孤立無援，不需要把一切都扛起來，好讓人認為自己很強很成熟。

要是我一直想靠自己的力量，沒有雙腳的我，恐怕是無法站立的，更別說爬雪山或跑馬拉松了。要是我沒有意識到一隻手的我需要被幫助，如今我不可能打理這麼多事。我是尊貴的、有價值的、被愛的，生來如此，不是因為我做了什麼或成就了什麼。抓住盼望的心，走每一哩路，不為別人，只為自己。有天，將經歷屬於你的時刻。

根基是一步一腳印，不是直接空降（想要的結果）。要相信，那個目標是一定會走得到，但眼前需要腳踏實地、打穩根基。一直計算著與目標之間的距離，只會愈來愈沮喪。人都有發光的時刻，不需要因為自己某些事不如他人就妄自菲薄，當然，更不需要因為自己走的太慢就垂泣。抓住信心，就能往前走。那個信心，是即使覺得現在的自己一團糟，仍然相信未來是好的。

目錄

Chapter

1

·找到自己·

# 與自己和好，看見不完美中的完美

**你是誰、你想要的是什麼？**

我決定專注於生命的美好，體會自己存在的價值。
因為我知道神看我如同珍寶，我是世界上最美好的禮物。

目錄



Chapter 2

・改變與突破・

## 人生沒有震動，就不會有轉變的機會

**面對困境時，如何選擇改變？**

震動可以找到信心的位置，恐懼則會加速信心的瓦解。
碎玻璃般的人生，也可以美麗，只要面向陽光，依然有鑽石光芒。

# 目錄



## Chapter 3

## ·沒有永遠的敵人·

## 不要再比了，試著重新定義自己

### 老是覺得自己比別人差嗎？

記住，不用嘗試去成為別人，更不要去批評不懂的，只要欣賞。每個人都是獨一無二的。放下，才能有全新的開始。

Chapter

4

·找到自己·

## 釋懷是力量，和解讓自己過得更好

**別拿他人的過錯懲罰自己！**

埋怨是選擇，原諒也是選擇。釋懷，必須一次次練習。練習去同理當事人的難處，並從中再次感受到愛。

Chapter

# 1

· 找到自己 ·

# 與自己和好
# 看見不完美中的完美

**你是誰、你想要的是什麼？**
我決定專注於生命的美好，
體會自己存在的價值。
因為我知道神看我如同珍寶，
我是世界上最美好的禮物。

# 轉一個彎，拒絕負面思考

車禍後，面對人群成為困難的事。
即使路人驚聲尖叫，甚或嘲笑，
我仍然因為有人愛我而更愛自己，
我開始相信「我是這世界上最美好的禮物」。

## 不想面對「真實」的兩千多個日子

根據美國國家科學基金會在二〇〇五年的一個研究顯示，每個人每天平均會產生六萬到十二萬個想法，其中有80％是負面的，並且有高達95％的負面想法和昨天想的一樣。也就是說，我們每天大約會產生一萬個新的負面思想，而且日復一日。

很多的負面想法是來自於錯誤的教導或刻板的價值觀，更多則是在環境中，接收到來自四面八方的訊息的影響，尤其是那些否定個人價值的言語、文字、眼神與態度。至少，我就是這樣。

大多數人覺得自己不好的時間，比覺得自己不錯的時間還多，以致只要一個眼神，就讓人胡思亂想。很多時候，我們會誤解別人，大概是因為總是用負面的價值觀來解讀自己，所以也用這樣的方式來衡量別人。對自己不認同與不欣賞，讓人容易被外在環境控制，會為一個無心的眼神而沮喪不已，也會為一句無意的稱讚而開心得像要飛起來。

車禍之後，我一度最害怕的事情，就是「被看見」，偏偏就算我低調到不行，還是很難不被看見。那時，一想到別人看到我時可能露出的眼光，就怕得直接放棄踏出家門。記憶裡，大概有兩年的時間，我沒有跟媽媽以外的人面對面說過話，過著只有家裡和醫院的生活。要不是因為要定期回診，我真想一直待在家就好。

我早就忘記「正常人」的生活是什麼樣子了，忘記去學校、去網咖、去跟朋友打屁聊八卦、去便利商店買東西，更忘記要怎麼「一個人」生活。我以為世界早就容不下我的存在，又何必出去自討苦吃。索性乾脆一點，灑脫一點，當個隱形人。

某一年聖誕節前夕，媽媽去美髮店用頭髮。其實，我也超想去染頭髮的，但一想到染髮、洗髮、剪髮這麼貴，又可能引來旁人側目，還是拉倒不去了。大概過了兩個小時，媽媽打電話給我，說「設計師說要送你髮染耶，要不要來啊？我想，你應該想要吧！」我當然很想。

一個太興奮，不小心脫口而出「好，我等等過去！」掛了電話、換好衣服、走到門口時，才發覺自己好像太衝動了。所有動作突然都暫停下來，只剩害怕與恐慌在心中蔓延。兩個聲音開始在腦海中交戰。

## 即使會痛，也要跨出第一步

一個聲音告訴我「不要出去，你出去會嚇死人！你很爛，而且很失敗，妳不配擁有這份禮物……。」這些聲音就像鹽巴一樣，放肆地落在我的傷口上，落在皮膚上的傷口，更落在心裡面的傷口，痛得讓我猶豫，是不是應該投降，繼續躲在安全的空間裡。

這時，另一個細微的聲音訴說著「你是很棒的，你可以做到的。你的存在不是錯誤，你的存在祝福著許多人。」對，我不能再自我設限，我要走出去拿我的「禮物」。我想起，聖經裡摩西過紅海的故事，若摩西沒有離開他自設的安全區，他就無法帶領這麼多人脫離奴隸生活。

害怕的人事物會吞吃人的勇氣，而且愈害怕，恐懼感愈強大。就像雪球一樣，愈滾愈大。但若能超越理智的衡量，放手一搏、跨越黑暗，就能走出恐懼形成的牢籠，掙脫負面思考的綑綁。我很清楚，這不容易，需要一而再再而三的練習。若繼續選擇視而不見，就會在恐懼的漩渦裡無所適從。

我嘗試突破重圍，傾聽那個細微而輕柔的聲音。我相信「我可以！」我相信「我是最棒的！」突破盲點之後，才發現有些事，根本一點都不可怕，許多時候的恐懼，是自己「想像」出來的，只因為妄自菲薄，覺得自己一定做不到，就自己嚇自己。

人生旅途中，會經歷很多傷害，可能來自外貌或學歷（這兩項我感受最深刻），**無聲的打擊總是打在最痛的地方，但只有選擇往前走，才能繼續走下去**。如同第一本書《酷啦！我有一雙鋼鐵腳》中提到的「奇蹟不是活了下來，奇蹟是有勇氣活下去。」放棄很常比走下去容易。放棄之後，要面對的是一切歸零的衝擊，堅持之後，則能擁有往上爬的能力。我踏出家門、走到外面，如我預期，被許多陌生的眼光包圍，但同時發現，沒有我預期的可怕。

從車禍發生到走出家門，我煎熬了很長一段時間。有將近六年的時間都想結束生命，好不容易找到走出家門的勇氣，但這不代表我不會痛了，時間不會沖淡一切，即使傷痕漸漸癒合，但癒合的傷疤依然敏感。我必須帶著內在和外在的疤痕，走向人群。時至今日，將近十三年了，出門還是會飽受異樣眼光，這些眼光時不時地動搖我的信念，絕情地撕裂好不容易癒合的傷痕。

自從成立「小n拼豆手創館工作室」後，我就在網路接訂單。以往成品完成，郵寄的工作都由媽媽代勞，但自從我能夠（願意）出門後，我就自己去郵寄。生活變得忙碌，變得充實，變得比較不會胡思亂想。有一天，我一如往常地趕著出門，腋下夾著包裝好的拼豆成品，心中想著買家收到商品時開心的模樣。

## 那些見怪不怪，卻難以習慣的日常

進了電梯，看著樓層逐漸下降，到了一樓，電梯門開了，我迫不及待地踏出去（用我的一雙鋼鐵腳），電梯外的人也正要進來，我們兩人險些撞上。他本來低著頭滑著手機，目光餘角似乎瞄到了我的鋼鐵腳，然後順勢往上看，接著很明顯是嚇了一跳，倒退三步。

短短不到三秒鐘，我的心情卻是錯綜複雜。不知道為什麼，我腦袋裡竟然冒出「應該要向他道歉」的念頭，但一時間又不曉得說些什麼才好，最後什麼也沒說，就離開了。

對方嚇到的樣子停在我腦海中。經過路口的洗衣店，那是去郵局的必經之路，兩個小朋友正在人行道上玩耍，一個面向著我，一個背向著我。背向我的小朋友大概聽到我的腳步聲，好奇轉了頭。看見我，大叫一聲。他的叫聲讓我也嚇了一大跳，因為我還在想著剛剛所發生的事情，心情上又是一記重擊。

同一天晚上，我去附近的便利商店領包裹。等待的時候，旁邊收銀臺一個爸爸正在繳帳單費用，我們兩個人中間站了一個小朋友，跟早上看到的小朋友一樣，大概六、七歲，天真可愛的年紀。他一臉好奇地趴在收銀臺邊，專注地看著店員做事。當店員拿著我的包裹走向我時，這位小朋友也看到了我。

他一直盯著我看，我開始感覺不太自在，偏偏結帳的機器好像有點故障，導致我動彈不得，只能承受小朋友目不轉睛地凝視。「為什麼要一直看著我！」我真想像土撥鼠一樣，挖個地洞躲起來。接二連三的「注目禮」，讓我一整天都過得很沮喪，感覺一切都糟透了。

即使這些日常已經見怪不怪，我依舊感到很煩、很討厭，本來的好心情變得慘淡憂鬱。對一個外在受傷的人來說，要始終保持自信是一件很困難的事，也不容易認同自己。無論是鏡子，還是旁人，都時時刻刻提醒著我「你跟以往已經不一樣了！」異樣的眼光和小孩的尖叫聲，尤其讓我懷疑自我價值，覺得自己真的很糟糕。

## 負面思考賦予負面行為更強的殺傷力

我可以持續沉浸在愁雲慘霧中，讓別人的驚聲尖叫壓得我喘不過氣。只是對於他人一秒的尖叫、三秒的錯愕、一分鐘的注視，我花加倍的時間去回想，並無法改變他人的行為或想法。

**愈是專注在這些外來的表情和動作上，就賦予這些行為更多的負面力量，帶來更強大的殺傷力**。唯有承認不舒服和受傷的感覺，才能有療癒傷痛的機會，並再次讓心靈盛滿喜悅。

那晚，我藉由禱告把心裡想的告訴上帝「今天所遇到的一切都讓我感到窒息。我並不想要跟別人不同，我不想成為別人眼中那個醜陋可怕的人。」在上帝面前我不再隱忍。當我講出內心最真實的想法，反而讓我想起許多人看待我如同寶貝，那些才是我應該在乎的。

二〇〇七年七月發生車禍、被送進醫院時，我根本烤焦了，因為傷勢太嚴重，大部分醫院可能不會再進行搶救。我的主治醫生周爾康醫師後來告訴我，他那時也不知道哪來的勇氣，每天不斷地為一個被評估存活機率僅剩百分之零點幾的我清創，在沒有空調的手術房，常常一待就是十幾個小時。加上大面積的燒燙傷會讓皮膚失去保溫功能，為避免我發生失溫，還必須開著暖爐。在汗流浹背、悶熱難耐的情況下，主治醫師只抱著一個意念，就是「我要讓你活下來！」

狀況穩定之後，我在加護病房住了整整五個月多。住院期間，我幾乎每天都在做噩夢，然後哭著醒來。護理師總是會耐心地安撫著我「不要怕，你現在很安全」「我們都在這裡」，甚至會在病床邊陪我，等我再度睡著後才離開。在拔掉呼吸管、做了氣切後，他們常常買布丁和養樂多請我，並餵我吃。在我害怕換藥時，他們會講一些關於他們生活中的小八卦，來轉移我的注意力。本來冰冷的病房，對我來說卻更像一個家，持續為我的生命加溫。

出院後，我住在陽光基金會。有次，看護帶我出去逛街，我被某個攤位的可愛公仔吸引，挑選好幾個喜歡的，正要準備結帳時，老闆卻說「這些送給你，不用錢喔，你要加油！」還有一次，我和媽媽去餐廳吃飯，吃完要結帳時，店員告訴我們有人幫我們買單了。

我無法阻擋外界異樣眼光，
但我可以選擇忽略，
因為有更多的美好值得我去注視。

## 就算什麼都不會，還是有人愛我

剛出院回家，我躲在家裡，媽媽沒有逼我改變，只是告訴我「你是最棒的。改變與失去並沒有降低你的價值。」當我能做拚豆、去擺攤、去演講、出書，甚至跑馬拉松時，媽媽，總是常常提醒著我「不是因為你可以工作賺錢了，媽媽才愛你，在你什麼都不會做的時候，我就愛你了。」很多人往往以為一定要會什麼，才值得存在，壓根忘記每個人都曾是個什麼都不會、身邊卻充滿著愛的孩子。

曾經，我也這樣想。還好，在我不知道活下去的意義時，人們拉著我活下去。當我害怕自己的模樣時，愛我的人告訴我，我依然珍貴。在我無法接納自己時，這些人接納了我。

我的價值並非來自一個眼神，當我願意用上帝的眼光來看待自己時，我能透過身邊更重要的人（而不是一個路人）知道，即使我不一樣，但在祂眼裡，我的存在仍然是個禮物。

就如同媽媽說的，我總是為他的人生帶來快樂，因為每一件悲情的事被我一形容，好像就沒這麼讓人難過了。還有我的天馬行空常讓媽媽大開眼界，有時，還是可以執行的創意發想。雖然身體不如以前完整，能做的事不如從前，但我可以幫助的人卻變多了。對的信念，教會我與自己和好。

人慢慢長大，對自己的期待會愈來愈高，想要有出色的表現、想要有不凡的成就、想要透過這些來證明自己「很厲害」，但這些並不能代表一個人的價值，要是把各個領域的成績或業績，當成為自己增值的籌碼，那一輩子都會追的很辛苦，因為人比人氣死人，永遠會有人跑在你前面，永遠會覺得自己似乎就差那麼一點點。不滿意自己的人，怎麼看，都會覺得自己不夠好。

以前，我害怕看見自己的模樣，現在，我努力學習用他人愛我的方式來看待自己。就算有些人不了解我，但我是真實的被愛著。被少數人冷眼，卻有多數人接納。當我拋開世俗框架和他人設定的標準時，我開始喜歡自己了，既然喜歡自己，縱然那些眼神的殺傷力依然存在，卻難以對我產生傷害，因為我接受了我的全部，包含過去的、軟弱的、不完美的我。因為我的存在，是這世界最美好的禮物。

# 破除偽裝，接納眞實的自己

我以為要追求外在的事物，
自己才會變得更好，其實不然。
人可以犯錯，也可以不完美，
我知道，我的價值不會因此就被改變。

## 為什麼別人可以，我卻做不到

沒有人教過我要接納自己的不完美，也沒有人告訴我，犯錯並不可恥（當然，不是鼓勵人去做違法的事），一個成功的人總會知道，錯誤是讓人能夠成長的，並且在錯誤之間，有更大的進步空間。從小到大，我聽到的都是比較「某某某就可以辦得到，為什麼你不行？」……

我生長在隔代教養的家庭，國小階段由阿公阿嬤照顧。每天早上都是阿公叫我和哥哥起床，每當我們賴床、拖拖拉拉時，阿公就會開始碎碎念「養你們真沒用！」每次簽成績單或考卷時，他們也常說「怎麼這麼笨，考這麼爛。」

或許只是無心的口頭禪，卻讓我在潛意識裡不時的檢討自己，明明一樣的事情，為什麼別人做得好，我卻做不到。我開始懷疑，自己是不是真的很差勁，才會常常被罵，才會「比」不上別人。

責罵沒有讓我變好，反而讓我愈來愈不喜歡自己。不知什麼時候開始，我對自己不滿，也對所處的環境不滿。我的人生沒了溫暖的笑容跟懷抱，取而代之的是無情的指責跟處罰。我不喜歡念書、不夠聰明，數學沒概念、唐詩背不起來，學科都是我的罩門，在學校考卷一發下來，我寫完名字後就趴下補眠。

但同時我是跑步、躲避球校隊，曾經代表全校參加校際乒乓球比賽。在學校的聖誕晚會上，身為扯鈴隊隊長的我，在臺上帶領同學做高難度的演出。很多運動項目我一碰就上手，而且樂在其中，但這些沒有人重視。後來，連我自己也不在乎了，我彷彿是個一無是處的人。

一般人總是習慣用社會上的標準來看自己，再用別人擅長的事情來嫌棄自己，但與其用不擅長的事情來擊打自己，不如去找到自己擅長的那個部分，因為學會鼓勵與認可自己，才會發揮自己擅長的地方。

## 以為偽裝自己，就能和別人一樣

在這個網路發達的世代裡，Facebook、Instagram等各種社群軟體普及，人與人之間可以輕而易舉得知近況，可是也構成了一個讓人嚮往的虛擬世界。

很多人（包括我）都喜歡追蹤快樂、甜蜜、美好的事物，看著別人享受著美食、到處旅遊，以為全世界的人都是這麼快樂。按讚按愛心的人數、點播率與瀏覽次數，也漸漸讓人上癮。但這些數據、照片和文字背後，並無法知道對方是否真的過得這麼好。

小時候，我總覺得要長得完美、毫無瑕疵，才可以上電視、當明星，直到我也有了上電視的機會，才知道原來再漂亮再美，還是需要造型師巧手裝扮，上了螢幕才會「更」好看。中場廣告時間，造型師會在旁待命，一看到哪裡不夠好看，就會馬上補妝。從前，我只能看到表象的情況下，誤以為完美才是我應該追求的樣子。

所以愈來愈不喜歡自己的樣子，愈來愈不能夠做自己。多數的人不允許自己悲傷，不想被朋友或周圍的人說是個充滿「負能量」的人，所以當情緒低潮來臨時，往往會開始責怪自己，覺得自己很不應該，甚至覺得自己很奇怪。為什麼全世界都活在快樂的氛圍底下，只有自己孤獨地處在這樣低迷的氣氛裡。

然而，選擇忽略真實的感受，時間久了，反而會成為沒有知覺的人。情感上的麻木無感並不是好事，不在意自己感受的人，也很容易忽視他人的想法，以至於跟他人跟自己相處起來都會很辛苦。

擔心犯錯（可能單純只是意見不同）、不敢展現真實的自己，限制一個人的可能性。一旦學業不行，就自暴自棄。一旦被朋友或情人拒絕，就覺得自己很差，不配得更好的事物。這是多麼可惜的事情。有時候，愈是鑽牛角尖，愈是無法看見自己的美麗（優點），**世界本來就沒有一定的「標準」，完美根本不存在，不存在的事物永遠追求不到**。其實，很多人需要的不是改變，而是信心與接納。

## 練習用真實的自己引起共鳴

以前，我希望每個人都喜歡我。只是愈長愈大，愈覺得家人不喜歡我、朋友不喜歡我、上帝不喜歡我。因為我有很多的軟弱、過錯與不成熟。當我愈看愈清楚，才發現是我不夠喜歡自己。我認定自己不夠完美（尤其車禍後），同時先入為主覺得別人不會喜歡不完美的我。

因為不認同自己的某些地方，所以渴望掌握住某些事，以為這樣可以讓自己被加分、被喜歡，被「認同」。急著找到認同的我，用錯了方法。國中時，在第一次吐出檳榔渣時，我得到了稱讚「莊雅菁，你超厲害的！」對我而言，那是一種認同。

那時同學都覺得女生不敢吃檳榔，我這麼一吃，簡直太酷太帥了，從此以後，我成為大家「敬佩」的對象，我感受到好久不見的成就感和歸屬感，我開始去挑戰「別人不敢做」的事，無論那些事會不會讓我受傷，直到車禍發生。

人往往因為世界賦予的價值觀與標準而失去自己，被訓練成不斷追求「更好」事物的人——更好的成績、外貌、人際、工作，總希望十全十美、沒有瑕疵。很遺憾的是，完美根本不存在，愈是強求完美，愈是讓自己陷入更深的無底洞。唯有認同自己、接納自己、活出自己、定義自己，按著自己的步調前進，才會找到自己的美麗節奏。用真實的自己引起共鳴，不需為了討好別人而遺失自己。

每個人都在期待開花結果的那一刻，卻忘了看著植物發芽和生長的過程，也是一種享受。開花結果來臨前，嫩綠的枝芽也同樣讓人開心。就像我們的生命，每一刻都是值得欣賞的時候，每一個階段的樣子，都應該是美麗、獨特、充滿期待的。

成長過程中，我們自然而然會發展出屬於自己的美麗（特色），而且獨一無二。**每個人生來就是與眾不同，我們無法將別人的標準套用在自己身上**。這是我這幾年來最深的體悟之一。

## 「你的腳不是鋼鐵做的，是信心做的！」

寫了《酷啦！我有一雙鋼鐵腳》後，開始有更多邀訪，我始終相信看到或聽到我故事的人，多少都能得到鼓舞，多少都能有正向改變，所以我也把握往每一個難得的機會。

有次，錄某個電視臺節目之前，和節目製作人事先約了時間碰面，目的是要討論拍攝的方向和內容。當我和媽媽走進餐廳時，初次見面的製作人很是驚訝，他說「我以為你會帶著口罩出門，沒想到你居然可以這麼自在坦然。」

我告訴他，以前的我確實巴不得戴著口罩出門，這樣可以減少路人的側目。但天不從我願，左耳燒掉了，戴口罩反而很不方便，因為會一直掉下來，戴著都戴不住，最後乾脆就不戴了。當我不再閃躲的時候，外表的缺陷好像就沒這麼重要了。要不然二〇二〇年的武漢（新冠）肺炎疫情爆發時，應該是我把自己「包起來」最合理的時候了。

穿戴義肢的關係，很多我喜歡的穿搭風格或服飾版型都不適合我，因為義肢膝蓋的彎曲度有限，加上我只有一隻手可以使用，又不想每次穿個衣服還要勞師動眾，只好折衷購買一些方便穿脫的衣服。

後來，我乾脆在義肢上下功夫，特別訂製的雙碳纖義肢，不僅重量比一般義肢輕很多（至少一公斤以上），全黑的外表更讓我覺得自己看起來很酷，尤其當我全身都穿黑色時。**一個人知道自己是誰的時候，就成了一個有影響力的人，就能在崗位上盡情發揮**。當我接受既定事實以後，反而常聽朋友稱讚我很會打扮，甚至要我陪他去挑衣服。

每個人都在尋找自己的價值，但自我價值的高低，不能光用外在來衡量。在我接納我的鋼鐵腳後，我甚至能完成更多我從沒想過的事，我可以跑、可以跳，我可以去爬雪山、去跑馬拉松。我可以做一般人做的事，還去了一趟以色列旅行，即使出發前每個人都告訴我，這是連正常人（有腳的人）都覺得累的行程。我可以站在百人千人面前講自己的生命故事。我可以拿出做自己的勇氣。

不是腳不會痛了，也不是別人的眼光不重要了，只是我找到了另一種不一樣的模式來解讀。我相信那些都是佩服的眼光。車禍之前，我是運動全能，如今我依然能夠用鋼鐵腳繼續運動。車禍之前，我是一個迷惘、討厭上學的孩子，如今我進到校園，鼓勵那些還不知道自己原來這麼優秀的孩子。

還記得有一次的校園演講活動結束，有一個國中生來告訴我「你的腳不是用鋼鐵做的，是用信心做的。」我思考著，我的信心是什麼。現在我知道了，我的信心就是知道且深信自己存在的價值，即使犯錯、不完整，都不能削減我的重要性。

# 忘記哭泣，不一定是勇敢

前往國外演講的途中，
我在飛機上思考著，
從未想過自己有一天會過得這樣精采。
曾經，我還是那個倔強不哭的小孩。

## 有人說「你會成為世界的祝福。」

我踩著一雙鋼鐵腳，包包裡裝著一個 USB 隨身碟，隨身碟裡面裝滿我過往的點點滴滴，這是我出發演講的標準配備。只是這次的演講很不一樣，這是我第一次獨自飛到國外去演講，而且是六場。其實，在前面幾場講完後，因為反應太熱烈，主辦單位還加碼了好幾場，只是卡在臺灣還有行程，無法延後回臺時間，沒辦法跑完全部場次。

那次，我搭上前往香港的航班，免不了一點點緊張。獨自待在一萬公尺的高空上，窗外是蔚藍的天空和潔白的雲海。雖然不是第一次坐飛機，但這是我第一次自己坐飛機，而且是以講師的身分前往。這絕對是這輩子翻轉人生的事件之一。

曾經我每天都在掙扎，到底該殘破地活下去，還是乾脆地死去。直到我嘗試用斷肢移動、盡可能學習自理生活與賣拼豆，到裝上義肢、練習走路，甚至登山、跑馬拉松，還成為最年輕的生命教育講師。現在的我，很慶幸自己活下來了。因為活著，我可以做我喜歡的事，看電影、旅遊、創作，更期待透過我的文字來鼓舞他人。

最重要的是，我知道被愛的感覺，即使車禍後本來的好朋友鳥獸散，我身邊仍留下許多愛我的人。雖然變得破碎，彷彿失去所有，可是上帝對我的計畫並沒有改變。在如此悽慘、絕望的時刻，有人告訴我「你會成為世界的祝福。」那時，我還不懂我的生命將會如何翻轉。

第一次自己一個人搭飛機。
媽媽因為要上課緣故，提早我幾天出發，
我們在香港會合，趁空檔到處逛逛。

## 曾經覺得去了學校像進了監獄

我很常去學校演講，很喜歡和學生互動的感覺，老師們也都對我非常親切，不過，小時候的我超級討厭上學，去到學校就像被關進監牢。小三、小四時，是我最討厭上學的階段，也是說最多謊話的時候。心思沒在課業上的我，成績老是不達標，免不了一頓又一頓的「竹筍炒肉絲」，課文背不起來，就被罰跪，不能吃午餐，也不能睡午覺。

還記得，每到早上要去學校的時間，我就會偷偷躲到家裡的櫃子裡，運氣好的話，躲到中午都沒有人發現，就可以出來喘口氣，跟大人說去過學校了。要是運氣不好，被爸爸（或其他大人）發現了，等著我的又是一頓打。我多希望有人懂我愛我，不要打我，更希望有人關心我，不要嘲笑我。

那時，家裡買不起泳衣，每次游泳課我都只能跟另外一位、家裡是低收入戶的同學待在櫃檯等候區等，要不看著同學在泳池裡划水嬉戲，要不讀著課外書。一個學期過去了，班導收到我和那位同學的游泳課成績單時，臉色沉了下來。也許是以為我們故意偷懶吧，他當著全班同學的面，大聲喊叫我們的名字，要我們到教室後面，手上的成績單直接就往我們的臉上丟，沒有問任何一句，也沒有給我們解釋的機會，便朝我們的臉各打一巴掌，然後，連珠炮似地罵起來。

我的耳朵、臉頰都被打腫了。回家後，我什麼都不敢說，但還是被阿嬤發現了。爸爸知道之後，隔天怒氣沖沖地跑到學校找老師理論，在走廊上把老師大罵一頓，老師再回教室時，惡狠狠地瞪了我一眼。從那天起，老師不再跟我說話，也不再打我。

雖然我也被爸爸劍拔弩張的樣子給嚇到了，但同時有了一個新發現——大聲有用。我以為，只要像爸爸那樣凶，那樣可怕，就沒有人敢欺負我了。五年級之後，我結交了許多校外人士，很多都是小混混、小流氓，可能因為這樣，我成了學校的風雲人物。我變得「很強」，不只沒人敢欺負我，敢欺負我朋友的人也很少。

## 不能哭，我要成為女強人

在我六歲時，我的爸媽離婚了。媽媽離開家裡後，我因為太想念媽媽，常常哭。阿嬤心疼我，教我不要哭，教我要當一個「女強人」。即使不太懂「女強人」的意思，但我一直遵守這個承諾——不能哭。

在學校被老師體罰得很慘、也曾經一拳打破教室的玻璃窗而血流不止等，我都沒有掉過眼淚。我似乎失去痛的感覺，皮肉上的痛，心裡面的痛，都沒了感覺。偶爾，真的想念起媽媽的時候，只能壓抑自己的情緒，無聲地流著眼淚。

升上五年級時，換了一個非常關心我的老師。他知道我沒錢買早餐，就每天自掏腰包幫我買，知道我想念媽媽，就告訴我可以把他當成媽媽，知道我心情不好，就讓我留在教室休息、不用去上體育課。老師的溫暖逐漸融化我冷硬的心防，我又會哭了。原來，人不需要假裝堅強，難受的時候，是可以表達的。

六年級時，我轉學到其他學校，又再一次將自己給封閉起來。升上國中，課業難度更高，我覺得，反正也沒有人在乎我，所以我也不是很在乎自己。因為成績不好，我成了一天到晚都被處罰的「壞學生」，每一科都被打得非常慘。

有一回，班導師問全班同學說「有誰帶手機來學校的啊？」其實，帶手機早就是我們班不能說的祕密了，只是那些「資優生」沒有一個人敢承認，而我自認敢做敢當，傻傻地舉手，然後，就被處罰了。我的內心很不平衡，誠實根本沒有好處。

老師甚至還替資優生掩蓋「罪行」，假裝不知道他們有帶手機。原來成績好的人就可以領「免死金牌」，不管做什麼都不會被罵被處罰，以致讓我留下錯誤的認知，以為做人是不需要誠實的，我只要當女強人就好。這樣的陰影，讓我拼湊出將來的生存之道。

我喜歡交朋友，也很多朋友，但心裡與他們總是保持距離，即使身邊有許多人圍繞著，我還是覺得很孤單。那時，有很多跟我還不錯的朋友告訴過我，他們說我的世界總是很神祕。

這並不代表我擅長處理孤單的情緒，當孤獨和悲傷襲來，我也會不知所措。由於不知道如何表達，更不知道找誰表達，只好盡可能填滿空虛，用狂飆的青春來麻醉自己。我將所有時間都給朋友，用酒精、狂歡、重低音搖滾音樂，將傷痛和淚水粉飾太平。

每次的低潮，都被我視而不見，我總是安慰著（欺騙著）自己「睡一覺，醒來就會沒事了。」我沒有意識到的是，**持續存在的負面情緒是危險的訊號，就像人生的警報器，警告我們：靈魂正亮起紅燈。**

# 別讓傷口變成放棄人生的藉口

媽媽摸著我的頭，跟我說：
「放心，我對你的愛不會改變。」
我在想，或許我不用偽裝自己，
我可以哭、可以笑、可以選擇渴望的事物。

## 一次的耍帥證明，用一輩子來後悔

車禍前，我根本找不到自己的價值，更不懂珍惜所擁有的一切。當我心情不好時，就偷偷買啤酒來喝，把自己灌個爛醉，用隔天的頭痛欲裂，交換當下的負面。我曾經因為不爽就打破教室玻璃窗，搞得自己手血流不止，傷口深到必須縫針。也會因為失戀就拿美工刀在手臂上割來割去，生心理都傷痕累累。

以前我的左手前手臂，總是刻著別人的名字與紅色的刀痕，我以為擁有左手理所當然，所以理所當然地傷害它。很多事情，擁有久了，就忘記要怎麼去珍惜了。因為當自己不懂處理自己內心的情緒時，往往都會用自己能夠掌握的方式來發洩，很常是傷害自己。

近幾年，我才驚覺上帝一直在提醒我保護我，只是被我完全忽略或根本不當一回事。就像車禍前，每次無照騎車，飆車是一定要的，即使前後大概有三次都只差零點幾秒就要撞上旁車，我卻順利地閃過。

那時，我不僅不懂得害怕，還自我安慰幸運之神會永遠站在我這邊，驕傲地認為自己騎車技術愈來愈好，以致愈騎愈快，愈玩愈刺激，每躲過一個生死瞬間，就覺得自己又「進化」了。

如果知道自己多重要，我就不會拿自己的生命開玩笑，更不會輕易地把生命交給別人，輕易地坐在一個每天狂飆的後座上。就是不明白自己的存在價值，所以不小心就毀掉自己的人生。那些刺激對那時的我來說，充滿吸引力，沒有想到的是，一時的刺激、一次的耍帥證明，我必須用一輩子的時間來後悔。

二〇〇七年七月十日，幸運之神不再光顧我。意外發生時，機車爆炸引起火燒車，蜷縮在腳踏板的我，就這樣在大火中燃燒一個多小時，被送到醫院時，我整個人燒到焦黑，早就失去生命跡象。媽媽一聽到消息，馬上放下手邊工作，趕到醫院，直到看到正在急救中的我，他才發現事態竟是如此嚴重。

## 奇蹟似甦醒，迎接我卻是永遠的殘缺

爸媽離婚後，我就一直渴望能跟媽媽一起住，只是監護權問題讓我無法如願，頂多放寒暑假時，才能盼到與媽媽同住的生活。車禍那時，媽媽無法簽手術同意書，因為他沒有監護權。擁有我的監護權的爸爸告訴他「我要工作，我『以後』沒辦法照顧雅菁。」

於是，媽媽做好照顧我的準備，當天就去辦妥監護權轉讓。我在沒有呼吸、沒有心跳、全身焦黑之際，媽媽為我做了一個最心痛的決定，他簽下手術同意書，同意醫院進行「截肢手術」。

曾經何時，媽媽也擔心我清醒後會怪他，他不想簽，卻又不得不簽。不截肢，我的存活率就是零。我昏迷整整兩個多月，一次又一次的命危通知，媽媽不知道承受了多少的壓力與心碎，三張截肢手術單，帶走我的雙腳及左手。昏迷期間，媽媽放下了所有的工作，不是焦急地等著我清醒，就是借助酒精麻痺自己。

兩個多月後，我總算「活」過來了（清醒了），媽媽很開心卻很擔心，他不知道未來的我該怎麼辦，更不知道怎麼跟我解釋截肢的事。當我發現自己失去雙腳及左手，臉又毀容時，完全不能接受，我抗拒這個模樣。直到接觸信仰，才開始練習接受，接受那個百分之七十以上皮膚遭到火吻、四肢只剩一肢、身體不再完整的自己。

我想著，本來幾乎就要被移送到冰冷太平間的自己，卻能在昏迷兩個多月後奇蹟重生，甚至在出院後用有別以往的身分活著，要釋懷好像就沒有這麼困難了。

我忘不了第一次看見意外後的「真面目」時，有多麼的徬徨與無助。我用僅存的右手抓著哥哥的手臂、流著眼淚、口齒不清地問著家人「這樣的我該怎麼辦，我的未來該怎麼走？」哥哥哭了，爸爸也哭了，但他們都說不出話來。

本來就討厭上學的我，真的不用（也不能）去學校了。同齡朋友在上課的日子，我則在醫院進行看不到終點的治療：換藥、復健、清創手術、植皮手術、重建手術、水療、抽痰、鼻胃管進食等無限輪迴。我的嘴裡插著呼吸器、身體插滿針頭、接著數不清的儀器，全身任何時刻都痛。要是疼痛能下課十分鐘，讓我喘息一下，該有多好。

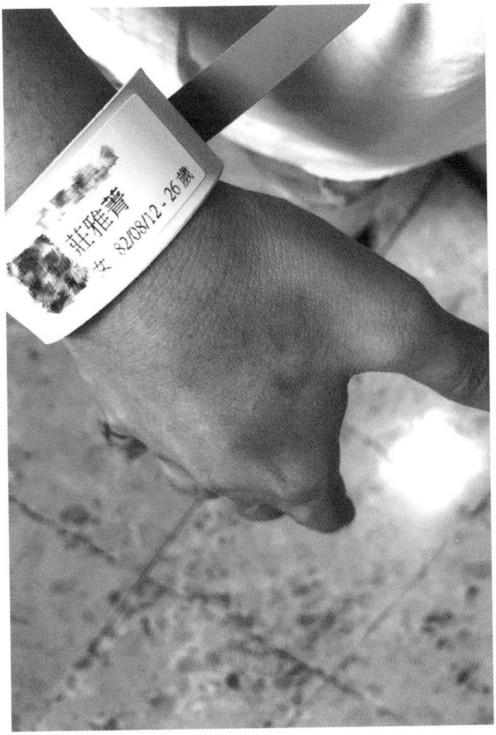


十三歲遭逢的意外事故，
直到二十六歲了，還在手術。
我不再花時間後悔莫及，
我該把握的是，重生後的每一刻。

我只不過想要追求快樂，卻造成難以彌補的傷痕。一個害怕寂寞的十三歲孩子，一個動彈不得、差一點死掉的重度燒燙傷患者，該如何詮釋一顆極度後悔的心。本來無「友」不歡的我，多了很多獨處的時間，我常常問自己「為什麼要把自己搞得如此狼狽？」

## 媽媽的愛，再次喚回我的生命

從小，我就是阿嬤一手帶大的，我們祖孫倆感情非常好，我每天都會幫他搥背，跟他一起聊天、吃東西、睡覺。我以為他是世界上唯一愛著我的人。車禍後，我住院的兩個多月，阿嬤每天都騎車半個小時來醫院看我，不管會客時間多短，他都風雨無阻。

還有媽媽。為了我，他放下一切。媽媽在醫院照顧我，幫我擦澡，把屎把尿，有時抱著我痛哭，說「對不起，我沒有好好照顧你」，有時摸摸我的頭，說「不管你變成怎樣，我都愛你。」

那時，媽媽買了好多專輯放在我的病床床頭，每一張都是我喜歡的。有時候，放了音樂，我就跟媽媽一起在加護病房裡唱著歌。即使我的嘴裡插著呼吸管、流著口水、口齒不清，媽媽還是跟我一起哼著。突然間，我感覺自己是全世界最幸福的小孩。

只是十三歲的年紀，要面對這一切劇變，還是太沉重了。曾經我真的恨透了活下來的奇蹟，我無聲吶喊著「你們為什麼要救我！」我怪媽媽也怪醫生，怪每一個讓我生命延續下來的人。不管是清創、換藥、復健，身心靈的破碎，都太折磨。

在媽媽、阿嬤面前，我假裝自己很好，等會客時間一結束，我就向護理師吐露心聲，用紙筆寫下「拜託你，幫我拔掉呼吸器，完成我的心願吧！」我希望止痛的嗎啡針打下去，就能在睡夢中離世。事與願違，每一次我都醒來，在噩夢中驚醒。

在夢裡，我總是被追殺、被槍殺、被火燒等，夢境最後的結局永遠是死路一條。這樣的噩夢持續了一千多天，然而現實中的我，想死卻死不了。我常用唯一的右手打自己，告訴自己「這就是一場夢，睡醒就沒事了。」但不管怎麼打，事實就是事實，愈打愈加真實。

接下來的三年，我想像過無數種自殺方式。嗯，大部分時間都只能靠「想像」，想跳樓，但我沒有腳，想割腕，但我只有一隻手。十七歲那年，某次自殺的最後一刻，我決定放棄。

放棄了自殺的念頭，等於我不再放棄生命。媽媽的淚水和愛、捨己、包容，喚回我的生命。我想著，要是我真的離開了，誰來陪他照顧他。那天之後，我告訴自己，不能再放棄。

## 從依別人期待生活，到正視自我感受

要說這場付上極大代價的車禍有什麼好處，其中之一就是讓我「認識自己」。車禍後，多了獨處的時間，於是我開始正視自己的感受。媽媽心疼我，看到我就哭，哭了好幾年，我似乎也慢慢學會了哭泣。對我來說，哭曾經是多麼不容易的事。

當我愈來愈認識自己，才意識到什麼才是我真正的渴望，什麼才是我存在的價值。當一個人不了解自己想要的是什麼時，就算再努力再拚命，仍會感到空虛迷茫，只能繼續地、不斷地尋找存在的意義，而且是盲目地找。以前我帶著父母、老師、朋友、情人的期待來生活，結果變成一個很混亂的人，就像被使喚的機器人一樣，按照著他人心中的劇本，來進行人生的下一步。

活在他人的期待裡的我，沒有獨特性、沒有熱情、沒有自己。我變得極度沒安全感，總會害怕，如果哪一天不能符合旁人的期待，或別人會做的事情而我卻不會時，是不是就會變成孤單一人，被排擠被嘲笑被置之不理。為了贏得他人的認同，只能改變原本的自己，即使變成一個自己不喜歡的樣子，還是得忍耐。

在媽媽面前，我乖巧又聽話，卻不敢明講我需要他陪伴。在朋友面前我抽菸、喝酒、嚼檳榔，我不敢說，我其實討厭菸味，也不喜歡檳榔的苦澀，一切只是為了「耍帥」、讓人刮目相看。既然老師認定我壞，我就繼續我行我素，壞到底給大人看。或許這些人都不是這樣看我的，而是我一味貶低自己。

我幾乎忘了「我就是我」。**我是一個獨特的個體，有自我的存在價值，應該要有自己的想法，不能光是為了別人而活**。不，不是「應該」，而是本來就有自己的想法，我卻始終忽略。

## 我可以哭，擁抱軟弱並不可恥

我向來不太會表達自己感受和想法，很多時候就算委屈或被誤會，也總是悶在心底。當人家發現我不開心、來關心我，我頂多就回答「就是不開心啊！」「就是不爽啊！」「就是被誤會啊！」很難具體且確切的說明原因。大概是我不懂得如何去表達自己的感受，所以也常常無法同理他人的心情。

若和人意見不合，對方先表達自己不舒服的感受時，我通常直接拒絕溝通，要嘛搞失蹤，要嘛拒接電話。換做我搶先表達情緒，但對方臉色不對時，我就會覺得自己傷害了對方，溝通也很難進行。久而久之，乾脆把真正的心情隱藏起來，不表達了。

因為這樣，跟我相處的人其實蠻辛苦的，他們很難真正認識我，很難走進我的世界。我的世界好像只有我自己，有時只要我認為是對的事，就很難被說服或被改變。跟著一群又一群跟我一樣不回家的朋友在外玩樂時，我的世界止於短暫的狂飆和刺激。那時，我不曉得人生除了這些，還可以如何精采。很多人看我勇敢堅強，我因此更不敢軟弱和哭泣。受傷後，我不想再這樣偽裝下去了，不能做真實的自己很痛苦。

面對鏡中變形的自己，千百種複雜心情，明明想大哭一場，卻哭不出來，直到認識上帝，才打開心中封閉已久的心，學會哭泣，擁抱最真實軟弱的那一面。還記得，六歲那年、父母離異後，我被教導不該哭泣，要成為很強的人。但我做不成「女強人」，我會痛到放聲大哭、會想放棄生命，更渴望軟弱的自己得到溫暖的陪伴。

我的情緒，我的淚水，我的感覺，一瞬間全部被釋放了。哭沒什麼不好，也不奇怪。既然哭能夠釋放自己、療癒自己，為什麼還要假裝堅強。我開始善待自己，面對自己。**唯有看見傷口的存在，才能消毒傷口、敷上藥、等待癒合的那一天。**

因為信仰，我不再偽裝逞強。
我的情緒與淚水瞬間釋放，
正視傷口的疼痛，才有機會療癒它。

# Chapter 2

· 改變與突破 ·

# 人生沒有震動
# 就不會有轉變的機會

**面對困境時，如何選擇改變？**

震動可以找到信心的位置，
恐懼則會加速信心的瓦解。
碎玻璃般的人生，也可以美麗，
只要面向陽光，依然會有鑽石光芒。

# 面對恐懼，恐懼就會消失

改變，是為了更自由更有能力。
面對突如其來、壓垮生命的壓力，
用愛去跨越，用付出去面對，
當我能再次站立，我選擇用不同方式超越極限。

## 不要讓人生白痛了

人生沒有震動，就不會有改變。改變是為了讓自己的生命更自由、更有能力。一個震動的機會，說明了自信心在哪裡，也就是一個人是如何去定義或看待每件事情的，是會覺得「為什麼是我遇到這種事！」的不肯面對的態度，還是接受已發生的事，並慶幸地認為「太好了，我又可以解決一件事情了！」

以前的我，是前面那種。我總是會躲起來，心裡不斷地喊著「為什麼又是我？」拚命地逃避、拚命地掙扎，寧可花盡心力拒絕接受，卻千百個不願意真正去看待事情的嚴重性，或嘗試著手去處理。可能跟小時候很少被肯定有關，以至於碰到不如自己預期的發展或結果時，就認為自己沒有辦法扭轉局勢。

媽媽曾經跟我說「不要讓人生白痛了。」當糟糕的事情迎面而來，雖然無法倒轉人生，但我們仍然有機會選擇，讓這件事情變美好。剛學走路的小朋友，他們很常跌倒，摔倒了會哇哇大哭，但哭過之後，會再次爬起來，繼續搖搖晃晃地前進。他們對於勇敢的定義可能懵懵懂懂，堅持兩個字還講不出口，卻能邁開步伐繼續走下去。

遇到阻礙、受到挫折、不斷地搞砸事情的時候，不也應該學習初次學步的孩子的心態嗎。有時候，愈不懂、愈年輕、愈沒經驗，對於愈不熟悉的事情，反而愈敢去嘗試。長大後，本來應該是助力的經驗，反而成為硬生生的阻礙。

人很習慣根據過往的經歷，來預先衡量事情在未來將會如何發展下去。以至於那些被視為「例外」「不習慣」「以前做不到」的事，都不願意去做去碰觸了。許多時候，**我們並不是沒有能力走到終點，而是沒有勇氣跨出第一步。**

## 在恐懼中，總找得到可以抓的浮木

我們沒有辦法選擇不遇見，但可以選擇去面對。這就是我車禍後，每天都要經歷的事，去面對自己失去右手和雙腳的事實，穿上義肢，盡可能做到還沒受傷前能做到的事。事到如今，我能做到的遠比受傷前更多，很多是以前從來沒想過的。車禍後的身體失去了很大一部分，即使接受了，還真的很不習慣。

有一次，我在廚房想拿櫃子裡的東西，櫃子門一開，突然有個東西掉下來，我當下反應還算快，馬上要用左手去接，只是東西還是「匡啷！」一聲往地板掉。雖然東西是落在地板上，卻更像當頭棒喝砸在我的頭上「啊，我沒有左手吼！」

半夜，睡覺睡到一半，想上廁所，一般人就一組反射的動作——起床、下床、衝到廁所、解放。對我而言，卻是一連串的步驟。即使我火力全開，用最快的速度在膝蓋上穿上矽膠（燒傷的皮膚缺乏彈性，要穿上厚矽膠，才不會一摩擦地板就痛），用跪的「跑」去廁所，還是得花上兩三倍的時間。

在生活中的不方便與不習慣，曾經讓我充滿恐懼，失去盼望。每每想到或看到身體的現況和對未來的迷茫，壓力就大到快喘不過氣，我以為我只能逃避。我不是躺在床上，就是坐在輪椅上，連個行屍走肉都稱不上（我根本無法自行移動）。於是，我不再期待自己能有什麼進步，每天就是吃飽睡，睡飽吃。

進食與睡覺都很舒壓，尤其是吃。睡覺可能因為睡太飽無法繼續，吃倒是整個無極限。我把壓力全發洩在吃東西上，常常剛吃完一個便當，又請外勞幫我買豆花跟雞排，甚至吃到吐出來了，還是繼續吃。剛出院時，我只有三十七公斤，後來我把自己吃到五十四公斤。在少了左手和雙腳的情況下，這樣的體重是很驚人的。

媽媽罹癌的消息，徹底扭轉我醉生夢死的生活。二〇一〇年四月某天（意外發生後還不到三年），我坐在輪椅上，在客廳和媽媽聊天，突然間，媽媽摸到胸部有一個硬塊，之後到醫院做了一連串的檢查，診斷結果很不樂觀。硬塊是惡性腫瘤，而且已經感染到淋巴、轉移到骨頭，算是癌症末期了。醫生說，媽媽最多只剩下兩年的生命。即使配合開刀、化療等，媽媽還是做了最壞的打算，甚至把哥哥叫來交代後事。

每次看著結束療程、回到家的媽媽，總是有氣無力地躺在床上，常常一躺就是一整天。我很怕，很怕永遠失去媽媽，卻無能為力，只能滑著輪椅進到他的房間，呆呆的在他的床邊陪著。看著媽媽整個人虛弱極了，我想到自己吃東西心情會變好，如果可以煮好吃的給媽媽吃，他不只心情變好，也能恢復體力。

大面積燒燙傷、汗腺受損讓我很怕熱，火燒車意外更讓我超級怕火，但想要為媽媽做點什麼的渴望，讓我克服一切。我就這樣冒著冷汗，煮完人生中最困難的一碗泡麵。那時，還沒裝上鋼鐵腳的我，端著剛出爐的泡麵到客廳放涼，然後再端到房間給媽媽吃。媽媽捧著湯碗，對我說，那是他這輩子吃過最好吃的泡麵了。

原來，我並不像自己認定的那樣一無是處，更不是別人口中只剩當乞丐的命。有了這次經驗，我突然體悟到「為別人著想的心，可以弭平心中的那份恐懼，並付諸行動。」心中充滿愛的時候，通常比想像中堅強更多。我們可以選擇被愛充滿，也可以自願被恐懼淹沒。媽媽的愛充滿我，讓我在恐懼中找到浮木。

媽媽，是我在恐懼中的浮木。
當愛充滿著我的周圍，
我發現自己遠比想像中的堅強，
並嘗試著為我所愛的人，付諸行動。

## 生命賦予我的超自然力量

之前無意間滑到TED演講的短片，有一位健康心理學專家凱莉麥高尼格（Kelly McGonigal）提到「壓力有害健康」。除此之外，他也說到人在與他人接觸時，經常會感受到壓力的存在，這類的壓力會產生催產素（Oxytocin），這是一種有助於社交活動的激素，讓人善於同理和傾聽，並勇於表達感受。

至於重大人生壓力，如財務或婚姻危機等，不只對健康會有負面影響，還會增加30％的死亡風險，但在同樣壓力下，願意花時間去關心他人的人，負面影響的程度確實大幅降低。

看著自己的殘缺，狂吃狂睡的行為只是一種逃避，根本無法消解壓力，反而在吃完睡醒過後，覺得自己的人生很「廢」很悲慘。想要為生病的媽媽做點什麼的渴望，讓我逐漸脫離自怨自憐的泥沼。我想，這或許就是生命給予我的超自然力量。

車禍後，外貌的改變讓我一度極度的自卑，但我假裝堅強，不敢在家人面前哭（雖然我本來就很少哭），一直活在偽裝裡，一直在忍耐。燒燙傷後的皮膚變得很薄，穿上義肢走路時，就像骨頭直接在石頭上碰撞，多走幾步就會磨到紅腫、破皮、流血。

超痛，但我不敢明說痛，深怕一開口，別人就會覺得我很沒用（畢竟，我已經變得夠沒用了），只能忍耐到睡前，躲回自己的房間，再咬著牙關、偷偷摸摸地處理傷口，隔天也不管傷口還在流湯流血，照樣穿上義肢、泰然自若地走來走去。就這樣，我忍痛忍了四年多。當時，連媽媽都不知道。

愛，讓我願意去付出，也勇敢地向外尋求幫助。在愛與被愛的當下，痛苦和壓力似乎不再像是無形的巨石，似乎不再把我壓的喘不過氣來。那些曾經怎麼樣都邁不出去的步伐，突然間，成為一個又一個能夠跨越的挑戰。

人生是一段奇妙的旅程。每次我總以為自己會遺失在某個困境中，可是卻一次又一次地「走」出來了，途中經歷了幾次亂流，挺過了許多暴風圈。我知道，未來的世界還有許多的警報等著我，但我不再像鴕鳥那樣，遇到危險就把頭埋起來，以為眼不見為淨，因為我已經知道如何去面對了。

**危機，就是轉機。我正在練習把逆境看成挑戰未來的機會。**對很多人而言，我是生命鬥士，但我不想停留在這樣的形象中，人需要進步，而我期待有朝一日能成為我想要的樣子（領袖和企業家）。過程中免不了掙扎與淚水，可是一路走來會有歡笑陪著我。

## 我可以，不斷的「走」下去

多麼痛的領悟。或許，這就是媽媽跟我說過的「別白痛了！」的意思吧。夜深人靜時，我偶爾還是會想，「如果」沒有發生過某些事，我的人生又會是一段怎樣的故事。

我想，不只不會比現在精彩，可能還會比原本的糟糕。人是一種慣性動物，若非逼不得已、遭逢巨變，總是很難脫離原本的生活圈，而是繼續用習慣的模式，過著最習慣的日子，找最熟悉的人，維持自以為安全的舒適。環境不改變，人真的很難改變。

火燒車這件事，從來不在我的人生規畫裡，更是我從未想過的意外。它就像一個又高又大的巨人，挾持著我的後半生，在這其中有極深的懊悔，生不如死的掙扎。但也因為差點死於這個難關，更可以理解許多人在面對黑暗時的那種無助。

在生與死的瞬間拔河，在放棄或活下去的邊緣徘徊，我走過一回又一回的難關，即使其中參雜許多歡笑與淚水，即使淚水永遠多過歡笑，我就像站在太陽下，一側面對光束，另一側迎接陰影，在黑暗中我經歷許多開心，在敞亮裡我克服許多煎熬。這樣的過程改變我看待事情的眼光，總算理解：

**就是在患難中也是歡歡喜喜的，因為知道患難生忍耐。忍耐生老練，老練生盼望。盼望不至於羞恥。**（羅馬書5：3－5）

「最寶貴的，就是走過艱難後的微笑吧。」初期義肢穿脫對我來說不是那麼的熟悉，得花上比較多的時間和體力，所以在家裡時，我常常是沒穿義肢、跪著行動，以致我的「腳」常常流血，媽媽看到總是很心疼，會說我很可憐（其實更多的時候是心疼我）。曾經，我也負面的以為，這樣的自己真的可憐透了。

我總是回答媽媽，這個痛「我可以。」以前說可以，是因為我忍功一流，明明痛到走不下去，明知道已到達自己能負荷的臨界點，還是嘴硬不敢說，搞的心理上與生理上都是傷痕。現在說可以，是因為我懂了，我相信每個人都有要去承受的痛，包括我。於是，我逐漸超越極限。**我的力量，來自於願意承擔自己曾搞砸的那些事實。**

剛開始，我每次走個五分鐘、十分鐘就受不了，但我知道這不是我的極限，就提醒自己「再撐一下，只要一下下就好。」在疼痛（患難）中，我繼續走，就能愈習慣那樣的疼痛。並不是我喜歡這樣的疼痛，而是我知道我必須習慣它，因為這是能夠讓我繼續走下去的方式。想要更好，總需要附帶一些代價。

為了想要減輕疼痛，我找到最適合我的步伐，知道怎麼走可以比較舒服，如今我可以一直走一直走。雖然每一步都痛，卻沒有辦法阻止我繼續走下去，比起疼痛，我更開心自己能夠再次行走。

我曾想要結束生命，
對於活下來的奇蹟，只有恨。
當我慢慢品嘗存活的奇蹟，
就愈加知道自己的價值，超乎想像。

# 抓住機會，感謝每一刻的自己

珍惜光陰的另一個意義是「抓住機會」，
即使生命破碎難熬，好事依舊會降臨。
因為傷痛，讓我理解他人傷痛，
因為付出，全宇宙都會幫我。

## 愈痛，愈能理解他人的傷痛

耶穌拿著這五個餅，兩條魚，望著天祝福，擘開餅，遞給門徒，擺在眾人面前，也把那兩條魚分給眾人，耶穌將餅給擘開祝謝分給眾人吃，他們都吃，並且吃飽了。門徒就把碎餅碎魚收拾起來，裝滿了十二個籃子。（馬可福音6：41－43中文標準譯本）

這段寫在聖經裡的故事，是耳熟能詳的經典故事，這是由耶穌的門徒記錄下來的。當時耶穌四處傳道，許多人民跟著祂到荒郊野外，想要聆聽祂的教導。根據記載，那時成年男性有五千人，若加上沒有納入計算的婦女與幼童，總人數可能超過兩萬人。物資匱乏的年代，很多追隨者經常餓著肚子聽道。

耶穌可以供應的東西也有限，大多數的人都會小心翼翼地使用僅有的資源，祂大可把僅有的五塊餅、兩條魚自己留著，何必去在意在場的人會不會肚子餓，可是耶穌沒有這樣做。人飢己飢，人溺己溺。祂先把餅擘開後，做了感謝，再分給在場的人。擘開的餅依序地傳遞下去，居然讓在場的人都飽足了。

常懷感謝，就能因為知足而富足。這個故事成為了我的一個學習的榜樣。生命就該如此。曾經經歷過風浪，體會風浪的震撼與險峻，那麼更能體會別人在風浪中的苦楚，進而給予協助。即使生命破碎仍願意分享的人，就能夠成為別人的祝福，或許經歷的事比一般的人來的多，以至於更有機會幫助迷失迷惘的朋友。

還記得《酷啦！我有一雙鋼鐵腳》剛出版一星期吧，那天晚上我待在自己的房間上網，邊處理訂單、邊回覆留言時，看到很多「臉友」的動態，都在分享同一件事情——八仙樂園塵爆事件。一開始我沒有想這麼多，直到幾乎每一則動態都在討論這件事，我才點開網路新聞來看。新聞報導不只有文字，還有影片，看著一群人在火中奔跑、哭喊、尖叫的樣子，我的心就像破掉了一樣。

那天，媽媽很早就就寢了。看了八仙塵暴相關的報導之後，我徹夜難眠，而且陷入了一個很深很深的恐懼裡。眼睛只要一閉上，瀏覽過的畫面就像一張又一張的幻燈片，一幕又一幕在我腦海裡重複播放著，這些畫面勾起了我曾經的歷經，當年我也是身處這樣的人間地獄，任由大火焚燒著自己的身體。

然後，天亮了。一看到媽媽起床，我馬上跟媽媽分享八仙意外事件。我以為自己可以平常心看待，沒想到還是崩潰地哭了起來，好難受，真的好難受。我想起一路走來的辛苦，生理上和心理上的，這些人（和他們的家人）是不是也要走上同一條路。燒傷後的生活是折磨，真的很難承受。

當時，很多人開始關注到傷燙傷後的治療與復健這件事。身邊許多朋友自發性的為受害者祈禱著。那時候的我，知道自己的經驗多少能幫助他們一些。災害已經發生，沒有人可以讓時間倒轉，但我把我經歷的說出來，他們或許能先做好一些準備。

我邊打字邊哭，因為每一個字都是我用血淚換來的。後來，超怕打針的我也跟著去排隊捐血，我只剩下一隻手，可是還是很希望這樣的我能為大家做點什麼。

文章我在臉書持續分享、鼓勵傷友的同時，也呼籲旁人要給予他們更多的包容與接納，我希望每一個人都知道，傷友皮膚上的疤痕，都是勇敢與堅強的記號，他們不需要異樣眼光，只需要更多的微笑。沒有想到的是，我在鼓勵、安慰別人的同時，自己的心也得到了慰藉，還收到來自世界各地的陌生訊息，每一則都是支持我的動力。

這段期間，我和媽媽前往醫院探望傷友，媽媽以照護者過來人的角度，陪著傷友的家屬。印象中，有一個傷友跟我一樣，右手和雙腳都截肢了，只剩下一隻手，第一眼看到他時，他眼神裡流露著沮喪與絕望，我把存在手機裡、我去爬雪山的紀錄影片拿給他看（那陣子我剛爬完雪山），似乎為他打了一劑強心針，他甚至告訴我「你做得到，我也一定做得到！」我真的很感動，我一切的痛，瞬間都值得了。

## 不斷地感謝，自然能抓住機會

很多人在面臨既有資源與實際狀況的不對等時，通常會做的第一件事情就是抱怨，覺得天不從己願，覺得自身環境很匱乏。然而，在面對人數與食物量的懸殊對比時，耶穌做的第一件事情反而是感謝，祂感謝自己至少擁有。

很多人總是以為自己不曾擁有（或擁有的不夠多），總是以為別人的機會比較好比較多，但其實機會一直都在自己身旁，只是眼前的機會不是想像中的那個樣子，於是就被錯過了。

事實上，每個機會都難能可貴，每個機會都值得把握。我們擁有愛人的機會（即使你不是百分之百認同他），擁有感恩父母的機會（多年來他們用心良苦地提拔你），擁有認識自己的機會（先承認自己的缺點才能看見自己的優點）。

直到現在，我才發現，一個人愈感恩，愈有機會，愈有恩典。聖經是這樣說的「**凡有的，還要加給他。**」機會就在身邊，必須懂得用心，用心才會「看見」。

我有些朋友家境不錯，可是總覺得懷才不遇，說自己沒有一展長才的「機會」。即使他可以每天都睡到自然醒，才拖拖拉拉去家裡開的公司上班，家人也不曾因此念過他一句。即使他的薪水超越同齡的人，還一考過汽車駕照，就能負擔起養一輛車的費用，他仍然覺得自己貸款很多，錢不夠用。他抱怨自己沒有的，卻始終看不見已經擁有的，所以他不曾感謝這一切的恩典。

我在這些朋友身上，看見過往的自己，逐一條列無法得到的項目，視而不見近在眼前的幸福。以前的我，認定的自由是沒人管我，想做什麼就做什麼，現在才知道自由沒那麼簡單。直到我燒到一無所有，才開始知道自己並非一無所有。

還好，我有一雙沒有燒壞的眼睛，可以看見所愛的人。還好，我有一顆強而有力的心臟，可以讓我繼續享受冒險的人生。還好，我還能發揮天馬行空的創意，增加人生的樂趣。還好，就算截去雙腳和左手，我還有一隻右手，還能做拼豆、拿麥克風演講、彈吉他、打字。也讓我牽起媽媽的手、摸摸我可愛的毛小孩、料理喜歡的美食。

有次，我好奇地問媽媽「我這隻寶貝的右手，還可以做什麼重要的事？」媽媽想都沒想，馬上回答我「可以自己擦自己的屁股！因為被人家擦屁股超級尷尬的。」對啊，我怎麼沒有想到，這絕對是最重要的小事（哈，感恩右手還健在）。

人的盡頭，就是神的起頭，即使過得不是那麼順遂，依然可以為生活獻上感恩，愈是感恩所擁有的一切，愈會發現走到哪裡都是恩典的記號，也會感受到自己一直被機會包圍著。

## 重見天日的眉毛、重啟人生的奔跑

二〇一六年，我的臉書粉絲團收到了一封訊息。一位叫聿瑄的女孩告訴我，他從電視採訪中認識我，因為聽到我說眉毛在車禍後就被燒掉了，所以他想要送我一對新的眉毛。聿瑄是一個專業且經驗豐富的美容師，在臺中大甲開了一間工作室，曾為許多人紋上適合臉型的眼線和眉毛，廣受好評。

一聽到，我真的很感動，也很興奮，睽違十年，我的眉毛即將重見天日了嗎。但我同時很猶豫，因為二〇〇七年車禍後，我的眉毛就沒再長出來過了，若突然間有了眉毛，看起來可能會很奇怪。我猶豫了好久，期間聿瑄盛情邀約，也不斷的鼓勵我，並詳盡的提供霧眉相關資訊給我，讓我決定嘗試看看。

霧眉的過程，對我、對聿瑄來說，都是挑戰。燒燙傷後的皮膚非常敏感，在霧眉的過程中，我的膚況比一般人容易紅腫脹痛，所以一段時間就得休息一下和不斷的塗抹麻藥。加上我的左臉是我背部皮膚植皮上去的，比起正常的臉部肌膚更難上色，重複染色好幾次，才成功描好眉毛的形狀，將顏色染進皮膚裡。痛了一個多小時，終於大功告成。我的眉毛重生了。

四肢健全時，我是運動健將，跑步、躲避球、羽毛球等，體育課就是我的天下。車禍後，我最期待的就是裝上義肢，雖然真正裝上時，才知道假的腳不僅無法跟真的腳一樣活動自如，還很不舒服，但我仍然不安分的到處看到處走，甚至去爬雪山。

後來，路走了很多，山也爬了，我有點貪心，想要突破更多。其實是我的信心更上一個階梯了。人生就像跑馬拉松，然而，這樣的我，能不能跑一場真正的馬拉松呢？我嘗試穿著鋼鐵腳跑，但才跨第一步就痛到發抖，直到獲得一雙跑步專用的「飛毛腿」，我終於重拾小時候最喜歡的運動，到附近校園的操場練跑。

我從來不認為自己可以再度「跑」起來，畢竟連「走」我都花了好長一段時間才開始。本來的那雙鋼鐵腳重量重，加上我是雙腳都穿戴義肢，走快一點都有難度了，更何況是跑。直到義肢公司老闆向國外進口了一雙「飛毛腿」，一圓我奔跑的夢。

剛見到「飛毛腿」本人時，我是既期待又怕受傷害的，期待自己能有另一種可能，又擔心自己無法適應。義肢公司的老闆事前就耳提面命，他說，飛毛腿踩在地面上的腳掌，就只有一個拳頭大小而已，穿上之後，不能立正站好，必須左右踏步，並微幅搖擺上半身來維持平衡，不然一個不小心就會摔個四腳朝天。至於要怎麼踏步，怎麼搖擺，他只說「一切憑感覺！」

第一次試穿飛毛腿時，我就覺得「這是我的腿了！」我適應得很快又很好，甚至直接往跑步機方向移動，踏上跑步機，就跑跳起來了。飛毛腿彈力好，而且比走路用的鋼鐵腳輕上一半的重量。雖然心中還是害怕跌倒，但我知道就算跌倒，我還是可以站起來。

## 參與「非洲舊鞋救命」路跑活動

二〇一七年七月左右，我在某個學校演講結束，刻意換掉鋼鐵腳，裝上飛毛腿，在演講會場繞著學生「飛奔」一圈，現場響起的歡呼，竟然比我演講完、下臺一鞠躬時還熱烈。之後，時任臺中市議員沈佑蓮議員朝著我的方向走來，他遞了一張名片給我，告訴我，他專程來聽我演講，演講的內容讓他非常的感動。

他說，他們團隊近期要舉辦一場路跑活動，主題是「非洲舊鞋救命」。因為他的說明，我才知道在東非有超過百萬人住在深受「沙蚤」威脅的區域。沙蚤是生物界體型最小的跳蚤，會在穿透人體皮膚的表皮後，在表皮層與真皮層中寄生並產卵。赤腳走在沙地上，很容易就會遭到沙蚤的威脅，導致腳底皮膚紅腫潰爛，嚴重時甚至危及性命。最能有效預防沙蚤攻擊的方式，就是穿上完整包覆腳部的鞋子。最後，他邀請我參加這次的活動。

我很爽快就答應了，完全沒有考慮到，那時我雖然有在練跑，但最多也就跑個幾公尺而已。我很難想像沒有鞋子穿會怎樣，但非洲確實很多人都缺乏一雙保護雙足的鞋子，剛好那段時間我才跟媽媽在說，我要找一場有意義的路跑主題，來慶祝我第一次回到跑道上。這場路跑的主題觸動了我，我想到他們要做的事情很有意義，滿懷義氣的我，不幫忙就說不過去了。

由於已經給出承諾，我每天更加勤奮的練習跑步，希望自己平衡感更好，肌耐力更穩，才能跑得更久。說真的，對於活動時間一天天的逼近，我既期待又怕受傷害。

但也不知道那裡來的自信，我心裡始終確信自己可以達成這個任務，為自己的第一場路跑解鎖成功。畢竟，這一路走來，比跑步更艱難的大風大浪，我都靠著上帝的恩典走過來了，我想上帝也一定會保守我，在衝刺與奔跑的過程中安全順利。

因為活動當天我是領跑者，必須在隊伍的最前面帶領大家開跑，在僅有一隻右手的狀態下，要保持身體平衡很不容易，而且跑的還是「山路」。（早知道，一開始就應該要先問清楚再答應啊。）崎嶇起伏的路線，加上飛毛腿的著地點小，萬一不小心跟旁邊的人碰撞到，我一定會跌的四腳朝天。

終於，來到路跑活動當天，曾經陪著我一起登雪山的團隊，一聽說我要參加路跑，二話不說，全部都從臺北搭車南下，說好要跟爬雪山時那樣，陪我一起衝刺。那一次是我第一次穿著飛毛腿公開亮相，現場造成不小的騷動。後來，我用了一個半小時的時間，完成了五公里的山路挑戰。回到終點的當下，我無比激動，因為我不僅達成這項不可能的任務，也戰勝心中很多不可能的聲音，用著自己僅存一隻右手的力量，幫助到遙遠國度中那些有需要的人。

我穿著我的飛毛腿亮相，
擔任活動領跑者的重要角色。
雖然我也很擔心自己會摔個四腳朝天，
但我不願放棄突破與嘗試的機會。
（最後順利跑完啦）

## 碎玻璃般的人生，也能閃耀動人

當你不斷地看見，並感恩擁有（即使擁有的通常比心裡想的少很多），好事總是一件件發生，因為善用機會的人，總是能夠創造新的機會。曾經我恨透了活下來的「奇蹟」，我認為那根本把我困在一個醒不過來的噩夢裡。如今，我慶幸自己沒有放棄「做夢」的權利。

一開始的噩夢，因為有人對我釋放善意，因為愛與被愛的力量，因為釋懷與勇敢，不僅讓我得到幫助，也幫助更多人。

我的人生過得比電影還要精彩，像是碎掉的玻璃卻面向陽光，還是能有鑽石光芒。在經歷意外、截肢後，再多的手術與復健等重建過程，都無法讓破碎的部分再次完整，懊悔與淚水無法挽回已經改變的現實，待在陰暗處的碎玻璃，命運很難被扭轉。

碎玻璃在繁複多工的高科技程序之後，能改頭換面，價值翻倍。錯縱傷痕要被重塑、失落的心要被撫慰，只需要轉身面對陽光的勇氣。時間不能重來，時間更無法撫平一切，但時間能將痛與淚內化為養分，這些養分可以灌溉未來，並讓善意與影響力擴增。

我的第一本書《酷啦！我有一雙鋼鐵腳》出版甫過一周，就發生八仙塵暴意外，那是一場前所未見的災難。我知道他們的痛他們的苦，還有即將迎接他們的不順遂。二〇一五年十一月中、八仙塵暴事件過後將近半年，我受陽光基金會之邀去演講，聽眾是八仙塵暴的傷友們。

## 未來，正在對著我微笑

演講無數次，我從來沒有這麼緊張過。我盡可能給他們希望與安慰，盡可能維持一貫的輕鬆與幽默，卻掩飾不住感傷與沉重，我想這就是同患難的心情吧。那天，我忍不住又滴下淚水，我知道燒燙傷後的路，會走得非常非常辛苦。

以前，我以為要成為強人，只能靠著自己拚命往上爬，後來才知道我把自己看得太偉大了。一個人是無法自己走到終點的，人是需要幫助的，走過苦難，也接受幫助後，就可以開始付出和給予幫助。一場車禍改變我的人生，也改變我的態度，教會了我許多功課。

在演講結束之後，我留下來陪著他們做復健，看看這個我曾經住在裡面的大家庭—陽光基金會。每一位傷友都很認真復健，不只是課表裡的課程，也把握每一個可以進步的機會，像是上下樓時，選擇走樓梯而不是搭電梯。彼此幫忙抓癢，幫忙穿壓力衣。

重度燒燙傷在患處植皮後，為了抑制疤痕增生，要二十四小時穿著壓力衣，有的人可能是從頭（包括臉）到腳都要穿，時間可能長達二、三年，即使炎炎夏日，還是得「包緊緊」。偏偏燒燙傷皮膚難排汗，當汗液中的物質刺激疤痕處的末梢神經時，就會奇癢無比。這些我都親身體驗過。

看著他們，就好像看到以前的自己。很痛苦，心卻不得不堅強起來，會癢，會痛，會哭，會鬧，但不會放棄，也不能放棄。面對這樣的困境時，單打獨鬥的人是絕對走不到最後的，陪伴才是最強大的支撐和力量。他們互相扶持，他們並肩作戰，我知道，他們即將走過生命的低潮，踏進新的人生階段。

最後，我想跟他們合照，在我的粉絲團分享。我說，如果不想曝光的話，可以迴避，結果沒有一個人離開。我想，我們都是真的勇敢，勇敢地接受自己已發生的意外事件，也勇敢的接受那與眾不同的皮膚，是特別且獨特。大方地做新的自己。未來仍需要世界給予的微笑，幫助我們更堅強地走完這趟如此煎熬又漫長的旅程。

很多人可能跟以前的我有一樣的疑問「既然天父愛我，為什麼還讓我遭遇這種事情？」事實上，意外的發生絕對不是祂的本意，只是祂總會在意外裡讓事情變得美好，經歷的總總都將成為許多人的祝福。很多時候很多事情確實一言難盡，生命總會發生挫折——家庭或感情的裂痕，健康或財務的折損。

說真的，至今我也不明白。我知道的是，透過環境的磨練，生命會更加擴張，擴張是為了讓自己更加寬闊和自由。這些看似不好的事，都會成為日後信心的來源，關關難過關關過，以前碰壁時的第一個念頭是逃，現在知道與其逃避，不如迎面痛擊。很多過去我認為自己無法做到的事情，如今因為磨練我做到了，也跨越了。

許多人認為沒有機會，就直接放棄想像，甚至在機會真正降臨時，不敢去迎接，就像當初猶豫著該不該去霧眉的我。願我們每個人都能成為一個用心用力去感受生命熱度的人，這樣就能看見機會，看見更寬闊的世界，看見不一樣的自己。**與其在失去後扼腕自己不懂珍惜，不如努力去發現那些僅存的寶貴**。或許一身狼狽的自己不如預期，但可能會成就生命中的另一種美麗。

我用穿義肢爬雪山的過程，
為八仙塵暴的傷友與家屬打強心針。
希望他們可以知道：
就算很痛很苦，還是可以走過。

# 在不可能中，尋找每一個可能

好奇心，能產生熱情、激發興趣。
當個「問題兒童」，讓我沒有不可能。
我不只自行研究拼豆燙印紙張，
還成為臺灣首位特殊案例的駕照報考人。

## 不怕麻煩，才能對世界充滿好奇

從小，我就是個充滿「問題」的兒童，我對世界充滿好奇，腦袋裡總有冒不完的問號，有很多的疑惑等著被解答。或許大人的世界不像孩子般單純，他們有太多事情要忙要煩惱，我的疑問無法被解決，最親的家人被問得不耐煩了，便用「你可以不要再說話了嗎！」「你不說話沒有人會當你是啞巴！」來回應我。

車禍後的我，成了大家好奇的對象。有一天，我剛出高鐵站、等電梯時，兩個小朋友盯著我看，不時交頭接耳，又再看看我。他們拉了拉正與朋友聊得起勁的媽媽的手，小小的手指著我，說「媽媽，你看那個人！」他們的媽媽沒說什麼，只是拍掉他提在空中的手，再把孩子拉到旁邊，繼續和朋友有說有笑。

大人不願意花時間為孩子解釋，可能是覺得一個孩子不應該有這麼多的疑問，畢竟很多事情「長大就會懂」，更可能是大人也不知道該怎麼回答，所以乾脆閉口不談。然而，閉口不談只是讓孩子閉嘴不問的手段之一，不代表問題不存在。

小時候，我也是這樣長大的。師長希望我不要有太多問題，不要惹麻煩，就能順順利利的長大。長大之後，我才知道問題不會因為時間過去，就被淡忘。世界，是一個充滿問題與麻煩的世界。

保持好奇心，但不用一直想著解決問題，因為解決完一個問題後，第二個問題又出現了。問題就像雨後春筍般，一輩子都解決不完。所以我們的目標不完全是要「結案（把問題KO）」，而是盡可能在問題中，找到可以學習的「經驗」。

孩子生活在這個世界的資歷淺、經驗少，小小的腦袋瓜裡卻裝滿了「十萬個為什麼」，只是有的時候問題問多了，可能會被貼上問題學生的標籤，師長可能會覺得提問是干擾教學進度、給大人難堪，或許還以為是一種挑釁。

我以前覺得大人只在乎「考試考得好不好？」「老師講的有沒有全學會？」學習的結果透過分數（數字）被定義，對像我這樣不喜歡讀書的學生而言，是很殘忍的，卻沒有人發現我們的心靈受傷，忽略考不好的我們依然是需要被關懷被鼓勵的。

特別的日子，特別的體驗。
在 2020.5.20 的這一天，
我受邀到國立清華大學演講。
（是超級頂尖的學校啊）

## 有人陪我走，總會感覺輕鬆許多

記得在讀國中二年級的時候，我跑去一家生意很好的日本料理店打工，因為可以跟當時最要好的朋友一起上班，這可是那時的我，放學後最期待的一件事。

上班兩個多禮拜後的某一天，我端著師傅剛煮好、熱騰騰的拉麵，準備從廚房走到外場、替客人送餐。好巧不巧，另一個員工正好往廚房裡衝來。因為廚房與外場的通道掛著門簾，我們兩個都沒能在第一時間看到對方，就這樣撞上了。

手上端的熱湯，就直接往我的下手臂潑，當下整個手掌和手臂都燙到發紅了。老闆看見之後，只叫我趕緊去廚房沖冷水，也沒有提到要擦藥或是帶我去醫院。

當天晚上下班回家，我跟媽媽講起了這件事，他對我說「不要再去那裡上班了！」我感覺得出來媽媽似乎很氣，連我問到「那這陣子打工的薪水怎麼辦？」時，媽媽也叫我不用去領了。母女連心，我知道媽媽就是下定決心不准我再踏進那間店一步。後來，我就真的沒去了。（雖然我心心念念那兩個禮拜的薪水。）

車禍後、出院不久，我喜歡透過網路買東西（因為可以不用接觸人，愛怎麼逛就怎麼逛）。那陣子，雷神巧克力很夯，很多網路平臺常常一上架就秒殺。某次又在扼腕自己手腳不夠快時，突然看到某個賣家的商場裡還有貨，想都沒想，先買再說，火速下單一千元的雷神巧克力，也馬上就匯款過去。

只是等了很久，都沒有等到出貨通知，直到我想要發訊息給他，才發現賣家刪除帳號了，我匯款出去的錢就這樣飛了。我跟媽媽說「我要去報案！」媽媽嘴裡念著報案沒有用，還是因為我強烈堅持，陪我走了一趟警察局備案。

這讓我想起跑去日式料理打工的事，其實一開始我也沒有徵求媽媽同意就自己跑去打工了。當年，媽媽沒有陪著我去處理，在我提出疑問時，他又只是用更凶的語氣制止我，那時的我，只覺得明明自己受傷，又拿不到薪水，卻只有挨罵的分，很是委屈。然而，這次我卻感覺得到媽媽是挺我的，雖然我還是沒能把錢討回來。

以前我知道我有個媽媽，可是就只是一個稱呼，我們之間沒有太多交集，直到車禍之後，我們的關係才不得不破冰。我深刻體會到，**很多事情的發生會使人喘不過氣，有人陪伴一同走，會輕鬆很多，至少心理層面是這樣的。**

## 沒標準答案，就找一個最適合自己的答案

若問知道拼豆的十個人，就會有十個人認定「拼豆是很容易斷掉的東西。」我曾經問過廠商，有沒有可能做出高品質拼豆作品（耐用、耐摔、耐玩、耐擠壓）。我收到的回覆是，拼豆本來就是給小孩玩的「玩具」，既然如此，會（容易）壞掉也是合情合理的事。

這個回答我不是很滿意。我把拼豆視為精品，每一個作品都是嘔心瀝血做出來的，應該要在擁有藝術價值（藝術品多半易碎體質哈）的同時，保有實用價值。秉持這個信念，我很努力研究提高品質的方法，讓它有更耐用的質地和多元的樣貌。

有一段時間，燙拼豆用的燙印紙品質不太穩定，而且因為紙張的尺寸大，所以店家很常是折起來販售。當我收到廠商寄來的紙張時，發現每張紙都被折成六等分，紙上的折痕會在燙印時，一起燙到拼豆的表面上。表面積小一點的作品就算了，我可以盡量避開折痕去使用，但很多

人訂的是大面積的作品，像是臨停車牌、小招牌或一整幅畫等，這就讓我很困擾了。

不僅如此，紙張的厚度也變薄了。變薄的紙張一燙就皺起來，這些皺紋全會呈現在拼豆的表面，尤其作品使用大面積的黑色拼豆，痕跡看起來更明顯。廠商紙張品質不穩定，讓我的成品出現瑕疵，即使技術再棒，別人也只會看到表面的瑕疵。

燙印紙張品質不穩定的狀況已經好幾年了，這當中我除了不斷地跟廠商反映，也會特別告知客人我已經盡力的部分，只是我心裡總是很不甘願——我明明做拼豆的技術沒問題，卻要因為紙張問題，讓成品質感大打折扣，實在是很不甘心！

後來，我決定不要再用那些紙張了，我要去尋找可能的替代品。但我不是紙張專家，一開始該怎麼選怎麼挑，我也不知道。面對千萬種紙，我就用僅存的右手，一張一張地去摸，感覺對了就買回家做實驗。簡單來說，就是憑感覺。我幾乎逛遍了家裡附近所有文具店，摸遍了每一種紙。每一個成功的故事背後，都是嘗試無數次的結果，我也替自己預留犯錯的空間。

不過，實驗過程我就不是只憑感覺了，而是實事求是，每一種「候選紙」都拿來燙看看，不能用的就丟掉，繼續嘗試下一種，都燙過卻沒有適合的，就再去文具店裡挑。有時候，需要經歷必要的浪費，才能有好的結果（心好痛啊）。

最後，終於找到一種可以用來燙印的替代紙張。方便起見，我嘗試聯絡製造商，希望他可以為我量身訂做想要的尺寸，免去在收整時難以避免的折痕。雖然這樣一來一往下來，多了不少額外的花費與時間，可是也創造了屬於我的商業機密，這是再多錢都無法量化的果實。因為不怕麻煩，我現在才能用最適合的紙張，自己切割尺寸，成功避免過去那些想避都避不掉的小瑕疵了。

即使細微的燙痕，很多時候顧客不一定會在意（有的人甚至看不出來），但在我心裡那終究是不合格的作品，還是覺得很過意不去，直到找到適合的燙印紙後。**我知道自己是個不完美的人，但我盡可能地將我做的事變完美。**許多客人會一再回購我的拼豆作品，並告訴我「你做的拼豆既好看又耐用！」看到這些回饋，我就覺得一切都值得了，他人的肯定成了我想要更好的力量。

## 把握不可能中的每一個可能

我的人生充滿「不可能」，但有很多是別人幫我下的註解，慶幸我各個擊破，找到每一個「可能」的機會，就算希望渺茫我也要去嘗試，畢竟當初我也是因為媽媽的堅持，才從渺茫的奇蹟中獲得重生。如果沒有對事物的好奇心、對生活的熱情，及付出愛的渴望，我可能會真的會故步自封。

媽媽全職待在我身邊，十多年來無怨無悔擔任我的司機兼助理兼工作夥伴兼心靈導師，初期還要兼看護，根本就超級「斜槓」。剛出院時一個禮拜一次的北上回診，開始接演講後要陪我跑北中南和外島，常常忙到半夜才回到家。

媽媽的存在，讓我有安全感，媽媽的陪伴，讓我充滿信心努力下去。隨著日子過去，我成長茁壯了，雖然不太會表達，但他的付出與犧牲，我全都知道，也知道媽媽的體力不比從前了。

在二〇一五年時，我想要考汽車駕照，去了家裡附近的監理所，辦事人員看見我，就直接地說「回去吧。你，不可能的！」那天，我帶著很失望的心情離開監理所，但我真的好想要當媽媽的司機，減輕他的負擔，帶著媽媽去欣賞世界的風景。（我和媽媽還約定好了，總有一天我要載著媽媽去墾丁玩。）

若臺灣的交通法規沒有更改，只剩下一肢手的我，在臺灣是不可能擁有駕照的。對此，我也曾經深信不疑。直到二〇一七年，我決定挑戰現況，積極地找相關資料，還請住在國外的朋友幫我收集個案、翻譯文件。最後，我還寫了一封信給時任總統蔡英文女士。我從來都沒有這麼瘋狂過。

信寄出去之後，我等了好久好久，都等不到回應，我快放棄了，我覺得這輩子應該不可能收到回信了。都忘了等了多久，不可能的事發生了，我收到來自總統府的回信，信裡告知我，他們即將辦理我的提案。接著，又是一陣漫長的等待，前前後後就兩個多月過去。在我接到一通交通局人員的電話後，告知我可以去找他討論報考駕照的事情後，本來的不可能的任務，似乎走向了「可能」的結果。

## 不要讓限制級人生成為人生限制

見面時，交通局人員看著我，問「你就是小鬥士嗎？」原來，他們事前已經搜尋過有關我的資料和影片。之後，我們和承辦人員一起開會討論。我和媽媽被請到課長室時，承辦人告訴我，他們沒有接過這麼特殊的案子，我是第一個這麼有勇氣嘗試的人。

我們稍微聊了一下，他就說「走吧，我們去開車看看！」到了試駕現場，他應該是想卸除我的緊張，一派輕鬆的提醒我「這是你第一次開車，不要把車子撞得太嚴重就好。」（我心裡想，不會的。）我坐在副駕駛座，由他實際開車教我。操作一次之後，他跟我交換位子。

第一次上路的我，開得還不錯呢。之後，只要將一般的車子內部方向燈改到右手，左手加上一個可以扶著方向盤的義肢就可以了。另外，因為我平常都有在「練」，所以就算使用義肢，協調性還算不錯，我可以施力踩油門，也可以踩剎車。

承辦人員認證過後，他要我去上駕訓班，再去考駕照。當時，這件事被媽媽阻止了。他怕我太累，不希望我什麼都會，有些事要留給他做。不過，最近媽媽似乎有改變想法，說反正早晚都要考，還是先把駕照考起來再說。

或許再過不久，我就會成為特殊考照首例。我相信，未來會有跟我一樣的人因此受惠，更相信，我的首開先例可以鼓勵更多跟我一樣的人，走出來「挑戰現況」。千萬別讓身體上的限制，限制了我們的勇氣，因為還有很多美好的事物等著我們。

做的慢不要緊，做得到比較重要。
雖然只剩一隻手，有時真的蠻不方便，
但我不希望身體層面的限制，
限制我的人生，限制我的未來。

# 要活成什麼模樣，我自己決定

當我可以決定自己的夢想，
並主動去學習、去突破、去創新。
堅持與興趣讓我投入時間和心力，
挑戰自我，同時鼓舞著無數人的生命！

## 「你變得不一樣了！」外表如此，內在亦然

車禍之後，我最常聽到媽媽跟我說的一句話，是「你變得不一樣了，變成一個認真努力的孩子。」一開始，我沒有特別的感覺，或許是因為外表改變而讓媽媽產生錯覺，除此之外，我沒有意識到自己有哪裡不同了。某天，我終於知道媽媽這句話的意思。

想起出院回到家之後，我成天待在家裡，閒閒沒事情做，媽媽索性就買了兩百盒樹脂黏土給我捏，一方面是打發時間，一方面算得上是手指頭小肌肉的復健。

我天天都花很多時間捏黏土，一再嘗試調出最漂亮的顏色，同時靠著自己天馬行空的想像，捏出了老虎、泰式蝦仁拉麵、史努比等作品。老虎作品被社工拿去參加比賽，不可思議的得到一千元獎金，還放在臺北展覽整整一個月。對我來說，這是極大的獎勵與激勵，是我用剩下的右手賺到的獎金。

本來我曾經異想天開要賣黏土作品，只是捏製黏土太耗時了，更何況我只有一隻手，如果要做成商品，時間成本太高了。

後來，我朋友做了一個拼豆吊飾給我，我也買來材料試著做看看，拼著拼著似乎就拼出興趣。不知道哪來的自信，我居然直接聯絡廠商叫貨，備足五顏六色的拼豆，並開始上網找圖案，運用僅存的右手，努力拼下去。媽媽也會跟我一起拼豆，但他總是天馬行空，想拼什麼就拼什麼，他的作品經常都很暢銷呢。

媽媽似乎激發了我的創作魂，我決定不再模仿網路上的圖樣，自己設計起不同的圖案，當然這中間燙壞了不少拼豆。不過，看著和媽媽一起創作出來的兩百多款圖案，再回頭看看那些模仿而製造出來的卡通，我深感一切都很不可思議，畢竟以前在學校上美術課，我完全沒有美術天分，而現在居然可以「創作」。

尤其每次客人走到我的攤位前，總是會驚呼「哇！你拼豆的圖案好可愛，都跟我之前看到的圖不一樣呢。」是啊，原本我可以一輩子模仿別人的創作，因為模仿真是簡單多了。但這樣就不有趣了，做出來的東西也失去特色。因為獨特是不能被模仿的。

我想，我之所以願意花時間、花精神、花體力（拼豆不只要全神貫注，燙壓步驟更是一大考驗）去摸索，是因為創作對我來說很快樂，拼豆對我來說很新鮮，顧客的反應對我來說很有成就感。如果做一件事情不快樂，那再多的努力也會打折扣。如果沒有真心喜歡一件事，就不會想將事情做到最好。

## 堅持，在自己喜歡的事情上發酵

以前，要我專注在一件事上面，動腦去想辦法、動手去解決問題，是很困難的事情。小時候，媽媽老是覺得我心浮氣躁，一直想讓我成為一個有耐心的人，但不管怎麼教就是教不會。車禍之後，我「突然」就變得有耐心了。

我曾經異想天開的想要開水族館，我喜歡看著魚在水裡自在優游的樣子，又或者我是羨慕魚的無拘無束。我可以坐在魚缸前，發呆放空一整個上午。媽媽陪我去買好魚缸，我們把魚群養在裡面，本來做事三分鐘熱度的我，為了這缸魚應該把所有的耐心都用上了。

媽媽說，那時他就看著我自己坐在輪椅上，兩大腿夾著一個水桶，來來回回好幾次，就是為了換水。**原來，一個人在自己所喜歡的興趣裡，會自然而然成為一個有耐心的人。**

回想起我玩黏土那陣子，我拿著一個一個的土塊，仔細的揉捏調色，直到塑造出自己想要的圖案，即使捏到手指痠疼發抖，還是不輕言妥協。玩拼豆時也是，為了新的作品，我會一次又一次的實驗，即使燙壞了一堆，還是樂此不疲。

更神奇的是，我右手有三根手指頭有燒傷，復健的時候總是痛得哇哇大叫，大概因為復健沒做徹底（因為真的太痛了），受傷的指頭根本無法彎下來。沒想到拿夾子夾拼豆一陣子，手指頭居然變得跟正常人一樣，可以彎曲了，在拼豆的同時，也做了復健。

以前的我遇到問題時，就只想著放棄，本來一度以為這是我個性上的缺陷，後來才知道這不是缺陷，只是還未找到自己的熱愛，當我找到了那份熱愛後，自然就願意接受它所帶來的挑戰，讓自己變得更好。我想，最大的關鍵在於，那些是我選擇要去做的事，無論結果如何，我都享受過程。

要打破一顆蛋可以很容易，從外面用石頭輕輕地敲個幾下，不用幾秒鐘，雞蛋就破了，但若是由內而外的破殼，那麼將是一個新生命的誕生。我就像是一個全新的人。

在車禍後、有了信仰，媽媽一直希望我能夠成為一位講員，甚至未來當牧師（抖），他深信我的生命以及故事能在逆境中拉人一把，我確實也有不少海內外的演講機會。有所期待，便有所要求。媽媽偶爾會念我，說「你是國際級講師，要學多一點英文。你要演講給很多人聽，要更多的閱讀。你活下來是奇蹟，你要……！」

做拼豆與演講都是我喜歡的事情。
透過買拼豆客人的回饋，我獲得成就感。
至於聽眾的回饋，則讓我知道：
我的故事為他們的生命帶來正向力量。

## 活下來的命定，是為了激發他人生命

我怎麼會不知道應該充實自己，只是愈把這樣的使命背在身上，演講準備起來就顯得愈刻意而綁手綁腳。直到某天，媽媽突然想通似的告訴我「去做你真正想做的事吧！不用再為了我的夢想而活。做你自己，活出你想要的人生。」當媽媽這樣告訴我，讓我能無壓去做自己喜愛的事，找到熱情所在。

從小，我就渴望可以當老闆、開店賣東西。其實，我也真的賣過很多東西。二〇一八年的時候，遇到一個貴人，他覺得我很有生意頭腦，請我在蝦皮當小編，他教我很多，當然我也很認真學習，盡量提供想法。沒幾個月，就把商品的銷售推到排行榜第二名。幾個月後，我辭去小編的職位，開始研究自己感興趣的進口商品，後來那個商品一舉拿下排行榜第一名的佳績。

或許我DNA裡有著當業務的基因，因為並非用我自己的名義在經營，而是使用另一個帳號，對消費者而言，我就是一個再普通不過的賣家了。總之，我很喜歡當老闆、當銷售員的感覺，賺錢是其次，真正讓我開心的是成就感。

我體會到了做自己熱愛事情的快樂。不過為了經營事業，我必須更用心的做好時間管理，因為我也很喜歡到處去分享，到處去演講，這也是我很喜歡的事。有人會覺得我幹嘛這麼累，不能只接演講的場子就好嗎。其實，當老闆能讓我變成一個沒這麼獨特的人，我彷彿不再是身障人士，跟大家都一樣。我想讓每一個人知道，身障人士不是只能當「生命鬥士」而已，我還能做很多事，很多跟一般人一樣的事。

圓老闆夢當然是無價。不過，除了實現自己的理想、讓自己更進步，我更渴望可以激勵他人的生命。每當想起我的故事，能夠透過演講或文字帶給他人祝福，就更能看見自己生命的價值，有時，我甚至排除萬難赴約，因為這是我活下來的命定。

## 當知道你是誰，你不是誰就不重要了

在演講的過程中，我看見人們最真情的樣子，會因心疼或感動而落淚，會因幽默與詼諧而展顏，我更喜歡演講結束後，聽眾透過語言或文字給我的回饋。

二〇一六年，我受邀去一所學校演講。聯絡時，對方就告訴我演講對象是「讓人頭痛」的學生。我想，大概就是跟我以前一樣，不喜歡讀書的學生吧。準備演講的時候，我就在想，要是換成以前的自己，會想要聽什麼樣的故事，我期待他們花了一兩個小時乖乖坐著聽我說話，不只不會感覺自己是被勉強，更希望他們能獲得點什麼，對他們的未來有正向幫助更好。

我有很多機會去學校演講，國小、國中、高中、大學都有。在演講時，我也實話實說，說自己不愛讀書，拿到考卷完全寫不下去，因為根本看不懂題目，更不要說要思考了，當然也不想花時間填寫答案，反正就等發考卷那天，把皮繃緊一點就好了。我很常被打，看似習慣了，但還是會覺得痛，覺得自己愈來愈沒用。

最後，我決定以爬雪山的過程為主軸，分享自己車禍後的心路歷程，與如何在挫折中不斷地重新站起來，並持續往前進。看著臺下全神貫注的學生，我知道我講的東西有吸引到他們的注意。

我很能體會課業上的挫折，會如何打擊自己的信心，他們或許跟以前的我一樣，對自己失望透頂，認為自己「沒有救了」，以為沒有人會愛他們、接納他們，只因為他們不會讀書，功課不好。

演講過後不久，學校老師就直接帶著這群學生去挑戰我爬過的雪山（臺灣第二高峰，海拔三八八六公尺）了。再過一陣子，我收到老師寫給我的信，他告訴我「爬完雪山回來之後，學生變得有自信多了。他們會說『資優生都沒有爬過山，但我們登頂成功！』」

爬雪山這件事讓他們信心大增，而且開始發現即使讀書讀不好，還是有很多事情，他們可以辦得到。幫助他們看見自己是有價值的，不一定功課要很好，這就是擁抱自己的弱點，知道自己的獨特，是不需要跟別人一樣的。

爬雪山的過程很辛苦，
但回味起來非常的值得。
每次演講講到這，
就能讓許多人獲得鼓舞。

後來輾轉聽說，這些學生開始嘗試他們所感興趣的事物了，之後的四年期間，我又受邀到同所學校演講過三次以上，每一次我都絞盡腦汁想主題，期待我的經歷可以幫助他們鼓勵他們。我很開心這些孩子能被看見被重視。當然，值得慶幸的是，他們有一群很棒的老師，願意在他們的成長路上給予陪伴與支持。

在築夢的旅程中，誰都不用刻意去成為別人或模仿別人，也無須為了成為有耐心、有能力的人而刻意學習，因為能力會在自己的興趣中被激發出來。的確，每個人天生細胞就不同，我們無法將別人會的套在自己身上，也不用因為某些事做不來，就覺得自己不夠好。我們要學會看見，自己擁有的是什麼。

我深信著，人都有夢想，不論這個夢想被定義為大夢想或小夢想，只要這個夢想是屬於自己的，那就是一個偉大的夢想。

有時候，不需要特別在意世界的眼光，不需要太在意世界說我們有哪些地方不夠好，或做些什麼才能成為「人生勝利組」。**我們始終無法贏過世界，也無法達到每一個人的標準。但真的不需要贏過它。因為當你知道你是誰時，你不是誰就不再那麼重要了。**

Chapter

3

· 沒有永遠的敵人 ·

# 不要再比了 試著重新定義自己

**老是覺得自己比別人差嗎？**

記住，不用嘗試去成為別人，
更不要去批評不懂的，只要欣賞。
每個人都是獨一無二的。
放下，才能有全新的開始。

# 我很好，不用成為別人

臨時被取消的演講邀約，
讓我開始懷疑自己是不是不夠好。
我忍不住猜忌對方的心態：
是不是學別人才值得被邀請（又不被取消）？

## 來自澳門的演講邀請與取消通知

二〇一九年夏天，我接到一個邀約，是要我飛去澳門演講。我積極地與主辦單位進行線上討論，在談好所有的細節、安排好住宿和機票後，我們終於敲定演講的時間，我為了這場海外的演講，甚至重新調整原有的行程。

那時，距離演講大概還有一個月左右的時間。其實，我很興奮可以前往澳門，不只因為沒去過澳門的新鮮感，更令人開心的是，我的生命故事到海外繼續發酵，帶給大家祝福與勇氣。不料當我把演講資料傳給主辦單位幾天後，他突然回覆我，這個演講邀約取消。

根據對方的說法，不是場地問題，不是時間不夠，不是報名的聽眾不足，而是「他們找到了更好的講師」。接收到這個消息的瞬間，我感覺晴天霹靂，陷落負面的想法中，久久無法自拔。

我甚至開始否定自己，是不是因為我不夠好、不夠勇敢、不夠堅強、不夠獨特、不夠有影響力，才會這麼輕易地就被別人給取代了。我的心臟彷彿被重重地揍了一拳，心碎的聲音環繞在我的耳邊，也使我的腦袋無法停止負面的想法。

正當我想搞清楚事情的來龍去脈，甚至詢問主辦單位的需求或考量是什麼時，對方「不然，你可以給我更多的自我推薦，我們會再重新評估。」因為這句話，我心中的感傷瞬間都消失了。他們似乎並沒有在發出邀請前慎重評估，甚至因此忽略對他人的尊重。

雖然我已經盡量逼自己用樂觀的角度思考，還是難掩失望的情緒，就像歌唱比賽的淘汰者一般，滿腦子都在想著評審老師給的建議，還有那些過關的人的模樣。想著，是不是要成為那個誰誰誰，才不會被比下去，才不會變成被淘汰的那一個。是不是要把屬於自己的某部分拿掉，才能成為多數人想要看到的那個樣子，即使那個樣子，根本不是我原本的樣子。

被拒絕，要完全平常心看待，很難。對我來說，更難。演講的邀請終究還是代表一種肯定，要不失望、不挫折是假的。我一度會覺得是因為我燒到面目全非，所以他們覺得我醜，或因為我連國中都沒有畢業，他們覺得我上不了臺面。

在失望的漩渦裡，我的想法要多負面就有多負面，但我仍然一直自我提醒，不要再往黑暗裡掉，不要再用別人的疏失或漫不經心，來否定自己了，我應該要嘗試去相信，上帝看我始終是美好的。

## 被拒絕，不代表自己不夠好

不用批評別人，也無須否認自己，知道自己是誰，找到正確的方向，努力地活出自己，做自己，就能愈看愈清楚，愈走愈遠，因為有著這種堅定的態度，將會感染許多人。做自己的確是不容易的事，我可以選擇迎合他人，失去自己，還是堅定不移的活出自己。

每個人偶爾都會想找一個範本，那個範本被參考可能是因為很受歡迎、很會賺錢、很有名，或許他們的人生總是讓人既羨慕又忌妒，但別忘了，那些讓多數人喜歡的人（被當成範本的人），經常是活出屬於自己特色的那個人，他們相信原本的自己就是最好的，無須再為了特定目的，去強迫改變。

外表很主觀，沒有最美（帥），只有更美（帥）。不過，相由心生是真的，當一個人發自內心接受自己的樣子，每個角度都會是吸引人的角度，甚至能因此發揮影響力，成為身邊的朋友想要效仿的範本。

就像 YouTuber 讓人願意追蹤訂閱，觀看他們的生活、想法與分享。有時候，追蹤是純粹欣賞，笑笑收場，有時候，則是生活中值得學習的對象，甚至是「偶像」。不過啊，就算如此，還是會遇到不喜歡自己的人，又或者上一秒被萬人簇擁的觀點，下一秒就被打臉推翻，但這都不代表他們應該去學做別人的樣子。

為了讓眾人都認同而小心翼翼、戰戰兢兢，失去自在自由的自己，剩下不快樂的樣子，並不值得。因為旁人如何定義你，決定權在他，不在你。有人上門踢館就馬上「懷疑人生」實在是太累了。

當一個人努力去做該做的事，可是所處環境依舊，始終沒有與伯樂相遇時，不妨脫離舒適圈，轉換跑道試試看，或許因為這樣，懂得欣賞的人就出現了。有時候，跨出安全的區域，翻轉習慣的模式，會有更多適合自己的機會。

人生，不是說改變就改變，但也真的可以說改變就改變，一場車禍不就讓我從頭到腳都徹底改變了嗎。不過，大部分的改變，還是需要時間，面對軟弱也是如此。在某些事情上的佼佼者，肯定也會有不是那麼擅長的領域。

## 上帝很公平，每個人都很重要

我是一個很容易感到灰心沮喪的人，雖然身為講師，大家都覺得我「應該」是充滿正能量，但偶爾還是會因為別人有，但我沒有而感到失望，特別是在感覺到自己比別人差的時候。甚至，會怨懟這個世界對我不太公平。

「我跟每個人一樣的重要！」某天在整理講稿時，我的腦袋突然跳出這樣的念頭。以前，我總覺得自己是最不重要、最不配被愛的那個人，尤其當父母都不在身邊，這種感覺更加強烈。

國中那段狂飆的青春，回頭再看，才知道自己是在找尋安全感，然而卻為了安全感，將生命拋擲在危險的邊緣，直到發生車禍後，直到發現有這麼多人為了我的生命跟死神拔河，直到大家因為我而獲得祝福，變得更好。

「為什麼這些人（有親人，有朋友，有醫生，有護理師，更多是素昧平生的人）會如此看待我的生命？」我想，就是因為「我值得」。即使後來我只剩下一隻手，即使我顏面嚴重損傷，即使我命在旦夕，即使我下一秒就可能離開這個世界，大家仍然盡力搶救。原來，我跟其他人都一樣的重要。

人的價值，不是用條件交換來的，不是我有什麼豐功偉業、特別貢獻（那時的我，不過是個很有自己想法的小屁孩罷了），而是人天生下來就如此尊貴，值得被好好對待。

繞了一大圈，我終於明白「公平」這回事。上帝愛著每個人。祂不會因為祝福誰，就不祝福誰，也不會要你去愛一個人，就叫你先委屈一點。祂對每個人絕對的公平。每個人的努力行動會影響誰先得著結果，還是後得著結果。

除了願意付出行動必然得著成果外，還須等待屬於每個人的最佳時刻。跟自己有用沒用無關，況且沒有人是一無是處的，他們只是缺少被看見或還沒被看見。我的信仰讓我有了安全感，不再覺得一定要去達成什麼目標，才值得被愛。

**你要盡心、盡性、盡意、盡力愛你的神。**（馬可福音12：30）

不管任何事，都要全心全力去做，要有那種不做第二，只做第一的態度。這不是指名次，而是要學習不用刻意模仿、成為別人，也不用去貶低別人來凸顯自己，來獲得安全感，就算這個世界絕對有競爭存在。良性競爭是各憑本事，超越與被超越就在一線之間，我們需要靠能力，智慧勝出，但更要知道自己是誰，想要做的是什麼，想要得到的是什麼，才能找到正確的方向。

唯一能勝過世界的只有無堅不摧的信心，即使訂單沒有成交，即使被人藐視，即使人生遭遇不如意，仍然大聲告訴自己「我是有價值且被愛的！」就是這種信心。

# 不要再比了，人都可以很獨特

無須刻意向他人證明自己，
找到自己的步調，一步一腳印累積，
即使踩著義肢，還是能靠近目標。
我失去雙腳，依舊享受著每一分每一秒。

## 走得慢，也要找到自己的步調

有些時候，一個人埋頭苦幹只是為了向他人證明——我的能力可以超越他人。本來我也曾經如此，但贏了又如何，我發現這並不會讓我更快樂。我漸漸體會到「找到自己的步調」有多重要。不需要急著贏過別人，就算輸了又如何，輸贏沒有絕對標準，因為某些事比不過別人，就覺得自己很糟糕什麼都不是，或拚了命的證明自己，證明只能讓自己當下好過些，卻也苦待了自己。

如果練習在小事上盡心盡力，學著用知足感恩的態度去面對身邊的人事物，好好規畫，努力實踐，那就是一步一腳印的堆疊著根基，這些根基都是能力的基礎。

只有那些害怕自己失焦的人，才會急著拿出好的成果，讓人看見和佩服讚嘆，萬一不幸引來他人眼紅，甚至背後中傷時，肯定很不是滋味。但那又如何，嘴巴長在別人身上，他想怎麼說，是他的自由，不可能一天二十四小時都在關注別人說了什麼（有人這麼閒的嗎），所以永遠不會知道在沒看到沒聽到的時候，別人是怎麼講你的。

要我的話，就是「耳不聽為淨」，沒消息就當成好消息囉，何必為了「怕被講話」，過小丑般戴著面具、偽裝真性情的生活呢。車禍後，我的耳朵聽力嚴重受損，大多數的人會認為這是一件很衰的事，我曾經也這樣想。聽力不好，連帶影響溝通能力，有時連想好好聽首歌都難。當然，也沒有人可以跟我說悄悄話。

後來，我卻發現「聽不清楚」這件事似乎是一種恩典，其中一個好處是讓我專注在想做的事情上，不會因為周圍的風吹草動而受到干擾，甚至讓情緒變的低落。尤其是批評我的聲音。

出門在外，我的外表難免成為旁人的話題。現在的我，其實已經不怕以「真面目」示人了，只是有些討論、指教或批評的聲音，真的讓人聽了之後很受傷，有時候，媽媽會問我「你還好嗎？」深怕他人的無心，導致我的難過。不過，我通常會被媽媽的問題搞得一頭霧水「什麼東西好不好？」

我也不是完全沒聽到，而是無法把每一個字每一句話都聽得很清楚，雖然知道不是好聽的話，但因為聽得零零落落，殺傷力也大幅下降。這或許是所謂的因禍得福吧。聽力受損讓我能夠自然地忽略一些雜音，以致可以更加專注於內心真正的聲音，更重視自己的想法，還有認真尋找「自己要的是什麼？」

聆聽自己的聲音是好事情，但也未必完全都好，像是沮喪、失意的時候，我特別容易陷落在低潮的情緒裡，可能是因為太過度專注於自己的內心世界了。

## 不用為了少數人的負評而「扭轉形象」

出版《酷啦，我有一雙鋼鐵腳》沒不久，就發生八仙塵暴事件，一夕之間，我似乎成為燒燙傷患者的代表，我的故事因此被大量報導與轉載，很多人鼓勵我，卻也難以避免不理性的論斷。我曾經看過有人在報導的下方留言「你既然這麼愛玩，憑什麼活下來？憑什麼有愛你的媽媽？你為什麼不去死一死？」

那時的我，面對諸如此類的留言，還不懂得如何「充耳不聞」，甚至還想試圖「扭轉形象」，扳回一城，我壓根就忘記，這只是眾多正向留言裡的幾個不理性的論點罷了。

除此之外，我每一次出門都會成為注目的焦點，有些人乾脆好奇的走向前，劈頭就問「你怎麼會變成這個樣子？」我和媽媽不知道為此解釋過多少次，最後獲得的，常常就是搖頭和嘆氣「唉，真的是好可憐喔。」可是，我明明不覺得自己可憐啊，就好像有的時候旁人對我表現出失望的樣子，其實並不是我讓他失望，而是他讓自己失望了，因為他把我定義的太過於完美。

以前，我努力讓每一個人喜歡我、認同我，企圖改變那些不喜歡我的人，希望他們能接受我理解我，但我發現我累壞了，我不能因為別人只花了五秒說出的幾句話，三天兩頭就修改前進的方向（這樣真的會沒完沒了）。畢竟，世上沒有人能夠完全理解一個人，因為他們並沒有相同的經歷，更無法感同身受。

後來，當有人跟我說加油時，我就大方的謝謝他，就算有人說這種人是在可憐我，至少他心中仍對我有份憐愛與不捨。至於嘲笑和批評我就左耳進、右耳出，不往心裡去了，因為批評不會帶給我力量，我又何必留著呢。

你的財寶在哪裡，你的心也在哪裡。（馬太福音6：21）

一個人愈看中什麼東西，心就會被牽絆著走。當我不再把心思都放在消化批評，反而更有能力去放大生命中的鼓勵和接納。我在重視正向的給予後，自信心也連帶得到正成長。只要願意轉念，正向的力量是絕對可以戰勝負面批評的。

當自己的內心不會被外在的雜音攪動，就不再擔心別人會用什麼眼光來解讀自己，就能夠保持平靜，就能夠專注眼前，去涉略那些未曾想過卻值得思考的事情。

## 可以失去一切，但別失去做夢的機會

害怕比起傷害本身更糟。而且沒有一顆心會因為追求夢想而受傷，因為追尋過程中的每一片刻，都是和神與永恆的邂逅。

——《牧羊少年的奇幻之旅》（El Alquimista）

對於一個喜歡運動的人來說，最大的打擊不是表現不好、輸了比賽，而是身體出狀況，以至於無法繼續做熱愛的事。失去雙腳和左手，對熱愛運動的我的打擊很大。的確，我想過直接放棄，是因為我沒有勇氣接受新的模樣，害怕只能靜靜的看著別人在我面前又跑又跳。如果我的人生只看見害怕，那就連做夢的資格都失去了。

遇到困難時，可以選擇逃避，可以選擇放棄，選擇了結一切是最簡單的方式。但這並不能真正解決問題。不管發生什麼事，接受、面對、挑戰的態度，往往是放諸四海皆準的通則。只要不放棄，永遠都有機會。堅持做對的事，就算過程中難免犯錯，那始終是件「對」的事。

過去有許多事我不敢面對，是因為我一直沒有學習如何面對，以至每次遇見失控的暴風圈，就退縮害怕起來，失去突破自己，擴張自己的機會。接受，才會找到最適合自己的方法。

習慣使用鋼鐵腳之後，我可以近乎任意的走動，縱然每走一步都是痛，我還是很愛走、到處走。比起疼痛，我更享受能走路的快樂，我不只走路，還想跑步，我想回到自己最熟悉的操場上，再一次衝刺。雖然不能再當那個跑最快的人，但我能當個堅持到底的人。

記得有一次去某學校演講，有一位體育老師問我「你的腳那麼不舒服，為什麼還堅持要跑步？」我說「因為我不想在我離開世界的那一刻，還在遺憾自己不夠勇敢，還在惋惜人生一片空白，所以我也想要靠自己的雙腳勇敢的追夢一次。」

我回到曾經的操場上。在一樣的紅色PU跑道，我從一個身手敏捷的小n，變為一個四肢殘缺，連走路都要練習的我。在真正跑起來之前，我吃了不少苦頭，但我「全盤接受」這樣的我。我慶幸自己的人生旅途曾經跌了一大跤，這一跤不只讓我活了過來，也讓我從經驗裡學習，變得更聰明更強壯。

人生不該只剩下害怕和退縮，跌倒了可以哭，哭過了，記得再爬起來就好。就像學步時的自己，不怕跌倒。人生不該停留在原地，逆著風前進走得慢，卻可以愈走愈穩，得著不一樣的自己。周而復始的訓練，讓我可以挑戰跑馬拉松，一跑就是十公里。

即使我失去所有，但仍擁有很多。
接受，才能開始突破，
面向陽光，希望就在不遠處。

## 疼痛，是預料中的事

跑完之後，記者來訪問我和媽媽「你們是賽前特別訓練，才能跑得完十公里的嗎？」媽媽沒有猶豫的回答「如果為了跑這場馬拉松，刻意去訓練，那是不可能跑到終點的。我們是每天都做好充足準備，等時候到了，就能突飛猛進的跨越！」就像很多人常常問我是怎麼練的，才能穿著義肢卻走的這麼自然。其實，我並沒有刻意練習，只是在覺得痛的時候，仍然毫不猶豫地踩下去。

很多人「走」不下去，是因為痛就投降了。可以走的話，我都盡可能讓自己去突破。平衡感變好，走起來就不這麼害怕了。在痛苦的環境裡，找到屬於自己的平衡點，才能成為贏家。

有時候，不是沒有能力走到終點，
而是沒有勇氣跨出第一步。

跑步的義肢是一雙有彈性的鉤子，踩在地上的接觸面就一個拳頭那樣的大而已，別說要跑起來了，連要走都是非常的困難的一件事。這跟一個人力氣大不大毫無相關，最關鍵的兩件事，都是看不到的，一個是平衡感，若本來平衡感就不好，穿上這雙跑步義肢要摔個四腳朝天是很容易的事。另一個是信心，要有「I can do it！」的信心。

或許很多人看見我走得很好，看見我去挑戰跑馬拉松，但沒有人看見我背後的付出，這是說不完的辛酸與血淚。老實講，過程中我不敢太認真去想會有多辛苦，就是擔心自己愈想愈害怕，愈害怕就愈退縮。

持續不間斷的練習，讓截肢患部摩擦次數倍增，前前後後長了十多顆水泡，為了不要功虧一簣，整整有兩個禮拜，我是邊吃消炎藥，邊咬著牙根忍痛練習的。活動當天，跑到終點後，我當場把義肢給脫了，映入眼簾的是一灘血水。不過，很值得，我突破自己，達成了一個不可能的任務。

一定會有人質疑「都這麼可憐了，幹麻還要這樣虐待自己。」我早就知道會這樣子了。一個往成功邁進的人，一定會知道沿路會碰到許多障礙，很少人會一帆風順的。這些都是預料中的事。不光是我，我相信，每一個要去跑馬拉松的人，早就預備好自己的心，知道練習過程，多少都會吃一點苦，而我只是比他們再苦一點點。我的人生也是比大家辛苦一點點。唯有接受，才有勇氣面對接下來的挑戰。

## 休息，是因為「太想走路」

時間無法帶走憂傷，能帶走憂傷的，是讓自己不斷成長。如果空等著時間帶走它，那負面感覺無法抹去，只會慢慢被麻痺。要走出憂傷，最不可或缺的是他人的陪伴。除此之外，是自己願不願意持續成長。成長包含學會新的事物，用新的眼光去體會接下來的考驗。唯有如此，時間才會帶來所謂的改變。

大概七八年前吧，有一個人在我的粉絲頁留下「X！你醜死了！」的字眼，那個留言我沒有馬上刪掉，大概是我多少習慣這類的「指教」，雖然大部分人不會這麼直接（沒禮貌）。美或醜定義因人而異，我其實沒這麼在意。直到二〇一九年十二月，臉書回顧過往貼文時，我才順手把這則留言給刪掉了。這個動作不帶任何情緒，純粹覺得留著沒有必要，也沒有意義。

有一段時間，我努力證明自己，我想讓大家知道，這樣的我可以不用當乞丐。原本覺得穿上鋼鐵腳是為了生活，我不敢喊痛，不敢享受，畢竟這一切都得來不易，我忍著痛都該好好利用，孜孜矻矻，不敢停歇。後來，我才接受「休息，是為了走更長的路」。

一路走來，我學會不為誰而活，我該做的是對自己更多的認同與肯定，問心無愧就足夠了。「你本來就是個超棒的傢伙，無可取代！」我常常對著鏡子，跟自己這樣說。不是自大臭屁，而是對自己宣告的一種的自信。

人覺得自己不夠好的時間，永遠比覺得自己還不錯的時間多很多。內在的聲音在挑剔自己，外來的聲音又如此不友善，加起來真的難過不完。有批評又如何，換個角度想，那代表一個人有一定的影響力，如果是阿貓阿狗，誰會去批評他呢。

我練就一身不怕批評和檢視的功力，因為他人提出的問題往往算不上是什麼問題，實在無須花時間去思考為什麼有人不喜歡我，因為就算找一輩子，還是找不到答案，搞不好連講的人都不知道自己為什麼會口出惡言。

**若有人在基督裡，他就是新造的人，舊事已過，都變成新的了。**（哥林多後書5：17）

沒有答案的問題，就放心地丟了吧。因為沒有答案的問題，就不是個問題。該思考的是，要如何活得精彩、充實，活出好的不像話的人生。與其拿他人擅長的事來打擊自己，不如去尋找自己擅長的是什麼。我隨時都可以成為新造的人，不需用搞砸的過去、他人給的標籤，束縛著自己，因為舊事已過，都變成新的了，包括我。

# 洗牌，擁有全新的開始

唯有真正放下，才能重新擁有，
不論什麼事情都要給自己時間摸索，
不要太執著，更不要太拚命！
給自己沉澱的時間，生命就能得到滋潤。

## 粉絲數突然暴增，反而無所適從

我〈小N拼豆手創館〉粉絲團的讚數，曾經在一夜之間從原本的六千多人暴增至五萬多人。那時候，八仙塵暴事件剛發生，新聞天天都在報導，我用發生在自己的例子，發了一篇文鼓勵傷者和他們的家人，觸及人數多達一千多萬人。

臉書粉絲團最初是為了拼豆創作設立的，我透過粉絲團來接訂單、曝光產品、與客戶聯絡等，偶爾也分享自己的生活故事。一指神功打出來的文字，拉近了我與電腦、手機另一端人群的距離。

不只讚數暴增，粉絲團的留言和私訊都跟著爆量，手機推播訊息就像瀑布般快速更新，一度還因為更新太快，無法負荷而當機。原本幾乎乏人問津的貼文下方，出現了「我好愛你」「我好欣賞你」「你是我的太陽」「你好棒」等來自世界各地的留言。

突然之間有這麼多粉絲追蹤，我一點心理預備都沒有。一方面覺得開心、充滿感激，另一方面，卻感到莫大的壓力。我該怎麼回應大家的欣賞，還有破千則、跟我分享人生正在經歷的處境的訊息。最重要的，我該如何做才能符合大家的期待，讓他們持續喜歡我。

深怕被關注的自己，一舉一動被放大檢視，一字一句突然間變得小心翼翼。我想努力抓住大家「所有的」期待。我從一個默默無名的人，搖身成為生命鬥士的代表，但面對大批的粉絲，我卻勇敢不起來。我變得很憂慮，很有壓力。

本來偶一為之、有感而發才PO文，現在卻不得不變成例行公事、為PO而寫，一方面擔心太少PO文被粉絲忘記，一方面卻又失去了分享的動力。我明明很希望自己的故事，可以成為他人生命的一點鼓勵，卻壓力大到連一個字都寫不出來。我就像為了粉絲而工作，失去快樂和選擇的權利。

那陣子，我朋友最常聽到我問的問題，就是「粉絲團人數一直掉怎麼辦？」我每天就像在盯盤一樣，盯著追蹤者的人數，心情跟著粉絲團按讚數起起伏伏。嚴重的時候，只是少了一兩個追蹤者，都可能讓我食不下嚥、檢討自己。

## 緊抓自以為的「擁有」，可能失去更多

我本來喜歡把心情寫成文字抒發（畢竟比起口語，用文字我更能清楚表達自己），卻突然變得討厭打文章。因為我老是擔心著「萬一我寫的東西不是『觀眾』喜歡的內容，按讚人數就會減少」。

持續且反覆地掙扎於這樣的問題，加上壓力和現實的影響，我一度連日常生活的分享都失去動力，彷彿電池耗盡了電力。

那幾個月裡，我看著人數一直往下滑，甚至在短短的兩個月，就失去了四千多個粉絲。因為無法討好他們，我感到羞愧，覺得自己很沒用。我壓根忘記這些追蹤按讚的人，也不是我刻意討好才得到的啊。

可能是我曾經失去太多太多，所以我非常想珍惜擁有。可是當我拚命珍惜卻無法避免失去時，腦海裡就會一直浮現往事，想著這個人曾經對我的付出，而我是不是不夠珍惜，才導致這個結果。想到這些，內心總會感到內疚，總覺得自己應該要再多付出一些，才能留住粉絲，留住他們的期待。

唯有放下，才能讓自己好過一點，與其說是放下，不如說在尋找一個平衡點。有時，抓得愈緊，流失的速度愈快。我不需要為了迎合世界而失去自己。於是，我繼續地活在自己的步調裡，我不再把發文視為討好粉絲的工具。

「洗牌，我需要的是洗牌！」我恍然大悟，我手上的牌抓太緊了，捨不得打出去，只因為害怕失去。抓著自己認為的「擁有」，反而「失去」更多。以為握著一手的牌會變得滿足，結果卻既焦慮又慌張。我想要回應粉絲的期待，急於付出，卻忘了別人對我的好，我永遠還不完。愛，不是一種交易。

當我明白粉絲的認同與支撐，都不是以交易為前提之後，我不再為著人數減少而感到落寞。我把失去和得著都視為「過程」。不論最終結果如何，每件事的過程都耐人尋味。

就像我穿著鋼鐵腳去爬雪山，攻頂的結果就在那個瞬間，攀爬的過程卻深刻地植入我的心中。記得媽媽爬完雪山回來，最忘不了的不是攻頂的當下，而是穿著全身溼透的裝備，在雨中步行了十個小時的過程。明明那十個小時痛苦難耐，我們卻依然回味無窮。對經營粉絲團這件事情，我再度找回熱情，只為了自己。

## 不要急，提醒自己「再等等」

不論年紀大小、身處何處，總會想做出一些事情來證明自己，期待自己的成長像風一樣快，像山一樣矗立，妄想一蹴可幾。我以前也算是一個不懂得思考計畫的人，直到這幾年才學會「再等等」，多點時間和空間摸索，並允許自己慢慢地前進。

一個人的核心價值若不夠堅固，很容易因為某些緣故就「走鐘」，不只失去焦點和忘記初衷，更會為了他人的期待，把自己弄得精疲力竭。人常常很矛盾，有時很喜歡自己，有時又嫌棄自己，這樣一來，就很容易被人群、掌聲、還有那些好聽的話，牽著鼻子走。久而久之，最真實的自己反而戴上面具。

當我有了一點知名度，邀約也愈來愈多了，有電視、廣播、平面、網路等媒體的訪問，有企業團體的演講，有公益組織的合作等，同時拼豆的訂單也增加了。本來以為足夠堅定的核心價值，居然開始跟著這些邀請而動搖了。我甚至聽信甜言蜜語，一度看不清楚誰才是真正的朋友，誰只是想攀著我往上爬。我有很長的一段時間無法自拔的墮落，失去了從前的單純和快樂。

人有了能力後，相對的試探就會愈來愈大，過去打下的根基若是不夠深入、不夠穩固，誘惑就會開始左右前進的目標和方向。當時才二十幾歲的我，看過的世界仍然有限，還有很多事情不夠明白，當我把安全感和成就感建立在人們的口中，持續迎合他人的目光，結果只剩下盲目的跟隨與追求。

我和媽媽常常一起上廣播通告。
我們嘗試著說自己的故事，
讓每個人發現身邊充滿祝福的小事。

在等待的過程中，並不需要急著長大，更不需要說服別人來證明自己，與其怕面子掛不住而勉強自己做不適合的事，不如好好享受應有的單純和天真，把每一天都發揮的淋漓盡致，為自己打下如同磐石般的根基。當核心信念成熟，就不會再因為別人的一句話就跳坑了。

## 辦不辦得到，要行動之後才知道

二〇二〇年元旦早上八點多，我收到了一封臉書訊息，對方是住在美國洛杉磯的臺灣人，他希望跟我合作，訂製他們想要的拼豆產品。我看了他提供的照片後，覺得我和媽媽應該可以達成。嗯，應該。

這是我第一個跨國合作案，我知道不會是最後一個。原本只鑽研拼豆作品的我們，無預警接了需要高難度加工的 CASE ——需要在拼豆上加上夜光珠與電池，好讓作品可以發光。這是我們從來沒有試過的組合，這是前所未有的挑戰。

對方要求我們額外加工的配件在臺灣訂不到，必須找海外廠商訂購。還有開通國際帳戶平臺，也吃足苦頭，來回跑了好幾趟銀行，請教了很多人，總算順利開成。開通國際帳戶、找貨、訂貨，好不容易等配件和材料通通到位，已經是兩個禮拜之後的事。距離商品要寄出的時間只剩下五天而已。

我和媽媽花了整整一天的時間思考該如何著手製作。首先，必須將某材料的頭部用鋸子鋸掉，礙於我只有一隻手，只能由從來沒有鋸過東西的媽媽執行。

接著，每個作品都要綁上串珠。每個作品都要用七〇顆串珠，做成一個鍊子，讓拼豆成品可以掛起來。我們總共串了為對方額外挑選的兩萬一千顆夜光珠。然後，才是大量製作我最拿手的拼豆作品。雖然說是最拿手的，但短時間內要製作出來也不是太簡單，因為總數量有三〇〇個。

我夾著一顆又一顆的拼豆，排版成數個相同大小的圖案，最後用特殊的黏著劑加上蓋子，黏上夜光珠和電池座、裝上電池，並確定夜光串珠通電後會亮，黏著劑乾了之後，再進行包裝。

我們全力衝刺，終於趕在期限內完成這個大任務。

第一次拿鋸子的媽媽，第一次接跨國訂單的我們，
還好我們都很擅長面對「意料之外」的事，
面對這樣的大 CASE，只要執行起來，也是小 CASE 啦。

本來以為只剩寄送就大功告成，哪裡知道電池數量超過太多，問了很多家國際物流都謝絕寄送，最後不得不延後出貨時間，把電池一個一個拆下來，才順利的寄送出去。不過，因為拆除了電池，連國際運費都省下四分之一。

## 困境的背後總會找到答案

拿到成品的人，大概很難體會這過程的曲折離奇。說不辛苦是假的，這次的訂單真的是我們做過最難的一種結合了，但感謝業者給我們突破的機會，讓我知道原來拼豆還能這樣玩，讓我看到困難的同時也看到機會。

真的很好玩。各式各樣天馬行空的想像，只要願意行動，都有可能成真。說真的，一開始確實沒什麼頭緒，只能一邊做一邊摸，每一個答案都不一定是正確的，但每一次的嘗試都是為了更好的結果。

這些都不是用「看」就能得到，而是去「做」才會愈來愈懂，凡事都可行，凡事都可以被創造，不見得事事都要有參考範例才敢去做，每個人都可以當第一個執行者。

面對困難時，一隻手的我，沒有選擇耍賴，更沒有抱怨（其實是沒有時間去抱怨），而是更多接受，使得我彷彿擁有兩隻手，沒有腳的我，依舊能健步如飛，各式各樣的困難都迎刃而解。當然，這多虧我最好的合作夥伴——我的媽媽。因為他，我更有信心去完成每一個考驗，我們一起腦力激盪，找到最好的方式。

困境（問題）的背後，總是可以找到答案，雖然很多時候會感到很無力。因為我們花了許多的時間和腦力去解決，嘗試找到可以幫忙一把的人，因而更深刻的認識我們的家人、情人和朋友，我個人認為，這是我的人生不可或缺的一部分。

我也明白，我願意花時間了解別人，卻很少留時間給自己。有事情忙確實能讓生活變得充實，也少了很多胡思亂想的機會，但了解自己需要時間，而且是很多時間，更需要在休息的時候進行，當心靈沉澱下來，看見的東西才會接近真實。

於是，我透過旅遊來沉澱自己，每次嘗試接觸大自然後，都會讓我對一些日常瑣事，有了不同的看見。我尤其喜歡看海，面對海的時候，我的心能夠安靜許多。

二〇二〇年初，我去了一趟墾丁，沒有緊湊的行程，只有跟著海走的悠哉。長時間生活在相同的環境，加上這是一個科技快速更新的網路世代，若是定力不足，很容易一不小心就迷失自己，忘記初衷。所以墾丁之旅我不僅感覺放鬆，還能思考下一步該怎麼走。

某天，中午我們找了間海景餐廳。用餐完畢，我一個人走到餐廳外面的海灘上，坐在海灘椅上享受。我聽著浪潮漲退的聲音，海水沖擊石頭的聲音，世界上彷彿只剩下了我和海洋。直到媽媽從餐廳裡傳LINE給我，我才發現我居然已經待了三、四十分鐘了，而且是在豔陽下（我明明這麼怕熱）。

原來，享受大自然是如此愜意。在墾丁的那幾天，我過得很悠閒很悠哉，放下平時被網路追著跑的急促，用心去感受生活的美好，看著身邊的人事物，更加肯定世界真的如此友善。

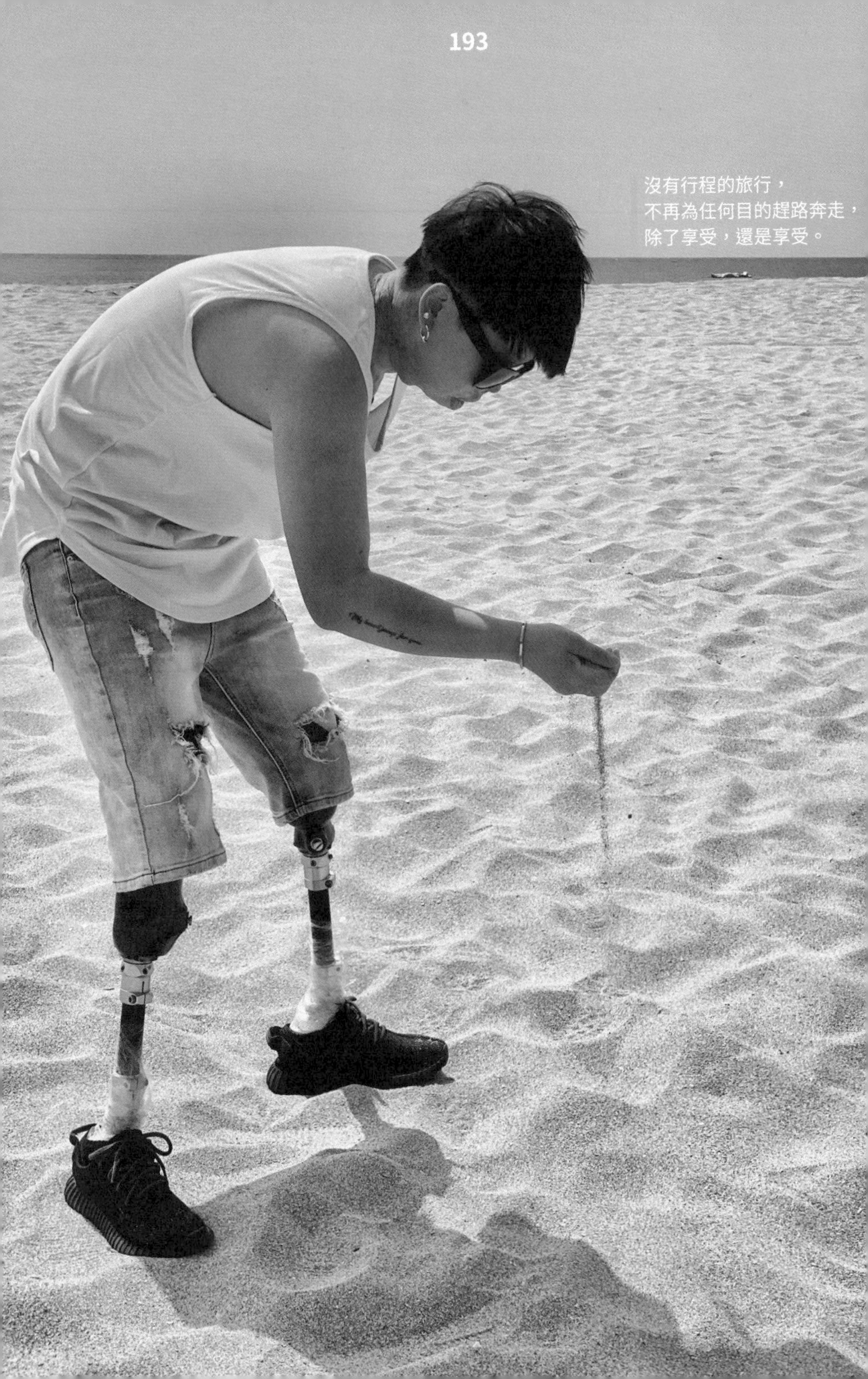

沒有行程的旅行，
不再為任何目的趕路奔走，
除了享受，還是享受。

# 不用增值，
# 你本來就是無價的

我想讓家人無憂無慮的生活，
但現實與夢想還有好大一段距離。
上帝已經預備好一切，
而且媽媽眼中的我，是「無價」的。

## 難以啟齒的「我辦不到！」

發生意外後，媽媽為了讓我方便上下車，他把本來白色轎車賣掉，換了一輛休旅車。在我們開始去市集擺攤賣拼豆後，也因為休旅車空間比較大，能夠順利裝下擺攤用的架子等。這輛車跟我們就像命運共同體，所以平常我們對它也很好，保養不會少，即使已經開了十年，很多人都會說這輛車看起來還很新，像剛買的一樣。

在開了這麼久休旅車後，我們似乎也愈來愈習慣休旅車的「大容量」了。有陣子，我們去門市看新車，只是我們想要的車款，沒有白色了，這讓媽媽有點猶豫，那時我誇口跟媽媽說「那我們不要買了。再等一等，我以後買妳年輕時最想開的車給你！」

我說出這句話的時候，其實當下根本沒有足夠能力買下媽媽心裡面的那輛車。但自此之後，我時常跟媽媽提起這件事，因為我有信心總有一天能夠達成，因為你總是會經歷你所相信的。

某一次，我跟一個久沒見面的朋友聊天，閒聊中，他無意間透漏自己近期買了一輛新車送給他的爸爸。一聽到，我的心中突然湧現無限的自責和內疚，因為我還無法兌現對媽媽的承諾。即使媽媽從來沒有要求我應該如此。

我常常覺得車禍後十幾年來，浪費掉好多時間，我把這些不如人意，怪在「輸在起跑點上」了。有些人跟我年紀相仿，各方面卻都比我還要精彩，當我愈是注視這些人，壓力就愈來愈大。這個壓力來自無法馬上改變的現狀，最終榨乾所有動力——反正我再怎麼努力，都註定輸人一大截。

要說出「我做不到」這四個字，對我來說，非常困難，尤其又是在自己最在意的人面前，更加難以啟齒。我以為，這會是一股向前的動力，怎麼知道扛著這樣的壓力，卻愈來愈沒有信心。或許媽媽有感受到，我想要替他買新車的心意和急躁，他甚至開始明白告訴我，他沒有一定要那輛車子。

## 不疾不徐地走，有開始就會抵達

我很感謝媽媽明白我的心意，而且如實的告訴我，紓解我自己堆疊出來的無謂的壓力（這一定是真愛）。過程中，我似乎慢慢能理解「人生不必跟別人比較」的真諦。只需要按著自己的步伐，持續地走，哪怕比別人晚開始，終究也會抵達，畢竟終點就在那邊，朝著對的方向，就不怕到不了。

人的欲望是無止盡的。本來，我想在這個年紀買下自己心中理想的房子和媽媽最想要的車子，讓曾經辛苦照顧我的媽媽，能過上無憂無慮的生活。我也想到世界各地去演講，讓更多人的生命，因為我的故事而改變。如今離這些理想（或夢想）還有一段距離。

不過，我持續行進在夢想這條路上，每一場演講我都是重磅演出，不論聽眾是誰，主辦單位是誰，我總是很用心的在做預備。演講的過程中，我時不時被提醒著，每個人背後都隱藏了不為人知的辛苦，國中生、高中生、大學生、教友、保險員或其他社會人士，他們都扛著些許沒有人知道的壓力。

或許大家都努力包裝自己，讓旁人看到自己最亮麗的一面，甚至是證明自己能贏過別人。只是不面對心裡真正的結，對生活的熱情就會漸漸地熄滅，偶爾的快樂變得虛假且不切實際。

上帝在創造人類的時候，早已預備好我們所需要的所有資源，身為天父的孩子，其實，並不用怕自己的事業、朋友或愛情被搶走，因為沒有任何一樣東西是我們的，全世界都屬於天父的，我們的一生都在神手中，我們需要的資源永不缺乏，我不曾擁有誰，只擁有了去愛人（付出）的機會。

當理解了這個真理，我不再想著「證明我比別人行」，漸漸地學會跳脫出與他人比較的無力感，放慢生活步調，好好地認真地品嘗每一天的美好。當我沉浸在每一件小事上忠心，在任何環境裡都盡力時，回過神來才驚訝的發現「不知不覺中，我已經爬到這裡了啊！」那種喜悅不是因為證明自己給別人看，而是單純享受努力過的成果。

遇到過不去的關卡（一天到晚都會遇到），不需要擔心「卡關」，更不必要急著「闖關」，提醒自己再等等，關關難過關關過，總有一天可以毫無壓力的抵達。當一個人有耐心安靜等候，有閒情逸致享受平淡時，更能夠去愛人。這是因為走在同一條路上的人，永遠都不會是敵人，他有屬於他的時刻，我有屬於我的時刻，上帝愛每一個人。

**所以，不要為明天憂慮，因為明天自有明天的憂慮。一天的難處一天當就夠了。**（馬太福音6：34）

有些時候，人會活在如此有壓力的空間裡，是因為總是想著靠自己扛起人生，然而人生之大，真的不是我能夠扛起的（畢竟人的力量很有限）。我需要做的只有一件事，那就是「活在當下，珍惜眼前」。

## 人的重量不是透過物質來衡量

錢很好用，但錢終究只是個工具，我們要當錢的主人而非奴隸。錢，不值得人用一輩子去追尋，因為除了錢之外，人生還有更重要的事，至少，錢買不到一個失去或離開的人事物。如果把錢當成人生終點，那麼將可能錯過許多美麗無比的風景。

剛車禍後，我還沒有能力工作，也無法行走。事實上，很多人本來說我將來會一輩子「耍廢」。還記得有一天，我穿著一件一百多元的排汗背心，滑著輪椅到媽媽的前面，問他「我穿這樣好看嗎？」媽媽笑著回答「哇，怎麼有人可以穿得這麼好看！」

好幾年過去，我努力翻轉自己的生命，有能力賺錢之後，我趁著生日買了一件上千元的背心給自己當生日禮物。這次，我不用使用輪椅，已經穿上鋼鐵腳的我，直接走向媽媽，還在他面前轉了一圈，問他「我穿這件背心好看嗎？」媽媽的回答是「哇，很好看啊，跟你之前穿那件一百多元的背心一樣好看。」

一樣的問題，一樣的答案，我卻一頭霧水。急忙向媽媽解釋「不是這樣的，這件背心兩千多元耶，是兩千元欸，應該是『更』好看才對吧！」媽媽告訴我「不管衣服便宜或貴，都無法衡量人的價值，所以根本不需要為了替自己加分，刻意穿戴昂貴的裝飾或衣物，在我心裡，你本來就是一百分。」

車禍之後，我跟媽媽的關係變得很緊密，每到媽媽生日或母親節，我會用一張空白紙，在上面畫畫，並寫上想對媽媽講但平常不好意思說的話。等我有能力買禮物後，我很開心，一直認為禮物的價值絕對勝過卡片，因為那是要花錢買的。有次，我偷偷存了很久的錢，在媽媽生日時送他一對五千多元的珍珠耳環，媽媽收到時很是開心，五六年過去，他現在還常常戴著。

某天，家裡在大掃除的時候，媽媽整理出一大疊的紙張，仔細一看才發現那是我十六、十七歲畫給他的卡片（好害羞喔）。每一張卡片都是薄薄的一張紙做的，不只圖案畫的沒有很專業，字還很醜，可是這麼多年過去，媽媽卻始終留著。

此時此刻，我才算真正了解媽媽說的。對媽媽而言，我是無價的，所以無論我的心意是什麼，都是「無價的」，五千元的禮物跟用一張Double A列印紙畫著天馬行空圖案的卡片，同樣是「無價的」。

## 不是會不會做，而是願不願意去做

當我開始能賺錢、有收入後，每天都花很多時間與精神思考「如何賣出更多的拼豆作品？」「如何得到更多的演講邀約？」我真的一心都想著賺錢，賺更多的錢。那是我那時唯一的目標，我覺得其他的事情（例如家事）媽媽都會做好、準備好。有一天，媽媽語重心長的告訴我，叫我不能整天都只想著賺錢的事情，家裡的事也需要一起分擔，他還說「不是賺錢的人就比較偉大。」

我真的很認真去想媽媽說的這幾句話。以我的身體狀況而言，做不做得到是其次，但我的確沒有想過幫忙媽媽分攤些什麼，我沒有整理過垃圾桶、打掃、洗碗等，我只活在想要賺錢的世界。其實，媽媽提醒過我很多次了，要我去倒垃圾，可是我常常忘記。還有為了方便，讓我在家裡可以不用脫鞋走路，但媽媽希望我回家後一定要先去廁所洗鞋底，就連這點我都經常沒做到。

國小時，我跟阿嬤住。因為阿嬤的身體不好，無法時常打掃，所以家裡的環境相當雜亂，衣服總是堆成了一座小山才拿去洗衣店洗。國中之後，我搬去和媽媽住，環境好多了，媽媽是個很愛乾淨的人，平時甚至會跪在地上擦地板。

以前我總覺得這樣的我，沒有機會展現自己，沒有出人頭地的機會，事實上透過這些枝微末節的小事情，就能夠看出我將來會活成什麼樣子。如果本來就沒能自制自律，等到我變得忙碌之後，藉口變多，更不可能會自制自律了。

先練習在小事上忠心，遇到大事時才會忠心以待。我想著賺大錢報答媽媽的付出與愛，卻沒有想過只要做到簡單的幾件事、分擔媽媽所在意的事，也是一種愛人的方式。比起買車給媽媽，更重要的是我與媽媽互相陪伴的生活。

我開始給自己壓力，逼著自己要記得倒垃圾，逼著自己要記得回家後去廁所洗鞋底。想起以前換床單時，因為換床單需要雙手並用，只有一隻手的我，通常只都出一張嘴「媽，今天要幫我換床單哦。」如今每兩個禮拜，我會主動打掃房間一次，也會一併整理客廳和媽媽的房間，一個月換一次的床單也自己來。雖然沒辦法像其他人一樣，動作很敏捷，但我卻是非常滿足在為家人付出。

有人好奇一隻手的我，是怎麼做到兩隻手的事。起

只有一隻手的我，
可以做兩隻手的事。
我不再去預設自己能不能做到，
只要願意，總會找到辦法。
（我在貼壁紙）

初，連我自己也不相信，沒想到不只能夠做到，而且還可以做得很好。接受它，就能找到方法處理它。分擔家務不在於我能不能做到，而在於我願意不願意去做，或是說重新學起。我想，很重要的一個因素，是即使我做的很慢，媽媽還是會誇獎我，說我用一隻手鋪床單、洗被單、打掃家裡「真的超級厲害！」

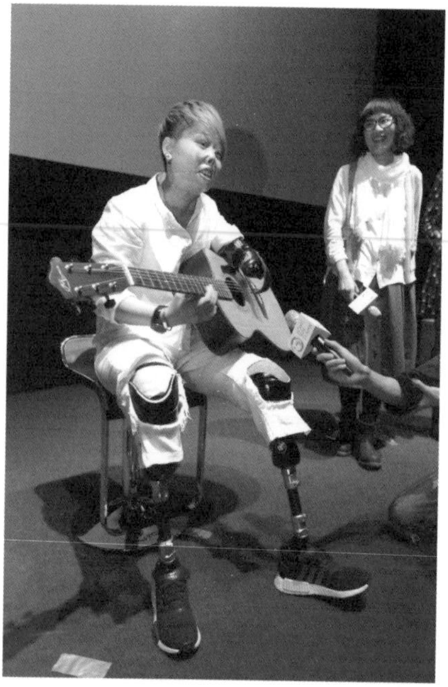

我能做到的事可多著了，
我還會彈吉他喔！
（這可不是擺擺 POSE 而已唷）

## 與艱難共舞，感覺就沒那麼苦

曾經的我們，只剩下彼此，戶頭裡空蕩蕩的，生活上很艱難，但媽媽依然不願放棄，為了我。當罹患癌症末期，被宣告只剩兩年生命時，媽媽更是加把勁，拚了命的愛我疼我，並堅定我的信仰。他告訴我，即使他走了，我還有一位阿爸天父，所以他可以安心的走。

有了信仰之後，媽媽的生活變得很有意義，他參與教會的婦女小組聚會，在教會當小組長，學習去當彩虹媽媽、講故事給小朋友聽，擔任得勝者老師、鼓勵許多學生，還會去軍中關懷阿兵哥。媽媽喜歡付出，喜歡鼓勵他人，他是一個很無私的人。

對比那時候的我，因為非常討厭自己，所以生活頹廢。曾幾何時，我看著自己的身體，居然笑了，是可悲的笑了。截斷的左手只剩上手臂，還能做什麼。沒有雙腳行走，又能夠做什麼。

「唉，我一件事情都做不到吧（我一度是這麼認為）！」我不斷加深對自己的刻板印象，為自己貼上「不能」的標籤。

日子一天一天的過去，媽媽全部看在眼裡，但他沒有逼迫我，沒有強迫我，只有不斷的鼓勵我，逐漸重建起我的自信。在我人生最徬徨無助時，媽媽給我的力量始終醞釀著。尤其在得知媽媽罹癌消息的霎那，那股力量突然變得好大好大，大到我能堅定的告訴自己「我要活下去！」而且是好好的活下去。

或許是媽媽從來沒想過他會死，在醫生宣判只剩兩年期限後，到現在已經超過八年了，他依然健康的活著。如今我幾乎可以為自己打理一切，在媽媽的不離不棄下，我慢慢撕掉被貼上的標籤，脫離旁人刻板的印象。即使我只剩一隻手，還是有價值的，還是值得被愛的。我帶著媽媽給我的勇氣，上帝給我的生命，每個欣賞著我的人給我的鼓勵，告訴自己要愈來愈好。

媽媽為了我，可以說付上一切代價，在所不惜。在我的人生道路上，困難依然存在（而且比一般人多很多），但我學會與艱難共舞，讓挫折點綴我的日常，讓我的生命閃閃發光。

在媽媽眼裡，我充滿價值，
以前是，現在也是。
不是因為我穿了什麼、做了什麼，
只是因為我就是我，獨一無二的我。

# Chapter 4

**· 練習原諒 ·**

# 釋懷是力量 和解讓自己過得更好

**別拿他人的過錯懲罰自己！**

埋怨是選擇，原諒也是選擇。
釋懷，必須一次次練習。
練習去同理當事人的難處，
並從中再次感受到愛。

# 突破吧，
# 不能再失去更多了

我無法接納陌生的自己，
感覺自己的人生不斷在失去，
直到我試著去感謝自己僅有的，
才知道我擁有的其實很多，而且愈來愈多。

## 最熟悉的陌生人——那個不屬於我的自己

在我的成長過程中，我們搬了好幾次家，學校也一換再換。每一次轉換到新的環境，都讓我感到很恐懼，身為小孩的我，能做的就是躲起來。媽媽說，到了新學校之後，我會躲在教室角落的櫃子，家裡有人來做客，我就躲在房間裡。

我想，我大概是一個非常非常非常內向的人，總是很難適應陌生的人事物。即使國中後的我，看起來喜歡交朋友，也總是很輕易的就交到所謂的「朋友」，不論什麼時候，身邊都有許多人圍繞著，但是真正知心的、了解我的人並不多。

面對陌生的自己，面對截肢與毀容的樣子，我真的好想再像過去那樣子躲起來。記得出院回到家的第一天，那種「我已經不一樣了」的感覺，更加鮮明深刻。

閉上雙眼，我彷彿感受得到過去在這個屋子裡的自在與從容。想幹麻就幹麻，要躺要坐要走，都沒人攔得住我。明明呼吸著同樣的空氣，看著一樣的擺設，生活在相同的屋簷下，可是當下的我，卻必須倚賴輪椅，想去哪裡都不自由。這個應該是避風港的家，我感覺不到安穩，洶湧的波濤持續拍打著。

巨大的挫敗和絕望向我襲來，我幾乎無法正常呼吸，整個人瀕臨心碎崩潰的邊緣。我好想，好想像小時候那樣，看到陌生的人事物就躲起來。我真的想要躲起來，逃離這個我「最熟悉的陌生人」——那個不屬於我的自己。

我必須花很大的力氣，才能擺脫這種負面思考，但不管花多少時間，這樣的憂慮與黑暗常會入侵我的思緒，讓我常想著，乾脆結束生命算了。深及見骨的傷口，即使癒合得再好，仍然會有疤痕。我深知傷疤必會一輩子跟隨著我，一再提醒著我過去的荒唐。

## 我的人生只有不斷失去

我十三歲發生車禍，昏迷時度過了生日，醒來時已經十四歲了。在這個初領身分證的年紀，當同齡的人慶祝著自己邁向成長新階段時，我卻只能惆悵地看著自己手中握著的重度傷殘卡，接受這個新的身分，這個不是我期待中的身分。

十六歲時，阿嬤過世了。這件事對我影響很大，對還沒走出來的我來說，根本雪上加霜。從小，我最親的親人就是阿嬤了。我們常常一起玩、聊天、還有他總是不厭其煩地陪著我一起去吃宵夜。我喜歡窩在阿嬤身邊，只要在他身邊我總是能夠感覺到安心，住院那段情緒不穩定的期間，也多虧阿嬤陪著我（除了媽媽，就是阿嬤了）。

我陷入低潮中的低潮。聽人說，摔落谷低就是往上爬的最佳時刻，可是當我想往上爬，卻發現怎麼也踩不到底。我在一個無底洞裡。我覺得自己好可憐，為什麼我要把好好的人生搞成這副德性。

為什麼我不斷地在失去？先是失去手腳和容貌，再來是被我視為全世界最重要的朋友，我待在一個處處受限的軀殼裡，就連生命中第二重要的阿嬤也過世了。我的生命裡，還剩下些什麼呢？什麼沒有了吧。我自認已經沒有什麼可以再失去的了，反正一切都無所謂了。

直到又來了一件意外，我才發現，我錯了，當我不珍惜自己還有什麼時，我就會繼續經歷失去，直到我真的一無所有。我忽略了從車禍後就放下所擁有的一切，一直在旁邊陪伴我守候著我的媽媽。在十六歲那年，我的媽媽被診斷出癌症，而且一發現就已經是末期了。

## 接受，不委屈。美好在前方等著

人生很無常，意外來臨時，不會先預告，總是無聲無息地闖進我的人生，逼著我不得不參與。下一秒的我們會怎樣，沒有人知道。那時，我已經受洗成為基督徒，這一連串的無常，讓我責怪上帝的無情，我氣祂一直在剝奪我活下去的勇氣，我懷疑過「上帝是否真實的存在」。

陪伴媽媽治療癌症的期間，教會我這些考驗都將成為我的歷練，這些歷練都讓我學習珍視所擁有的一切，而不再視之為理所當然。我真的不想失去後，才感到懊悔，雖然我已經失去了許多。我不能等到最愛的人從我的身邊離去，才自責與內疚。

從那時主治醫生宣布媽媽只剩下兩年生命，到現在我們已經彼此陪伴，走過了好幾個兩年。我珍惜能跟媽媽相處的每一天。即使在很多人眼裡「我很可憐」，可是我卻因為媽媽的癌症而改變了世俗所帶給我的價值觀，我真的覺得「原來，我不是這麼的可憐啊，我很幸福。」

至少我還有一個愛我的上帝，在我失去這麼多之後，讓我擁有著愛我的媽媽，及許多願意支撐我走下去的家人和朋友。逃避好幾年了，從原本陌生不敢直視的模樣，到好像稍微可以直視這張臉孔。感謝上帝讓愛充滿著我的世界，讓我願意選擇面對心中那塊最大的黑暗。

愛，看不見卻給了每個人勇氣和希望。一個感受不到愛的人，可能是潛意識中不願意接受。在否定他人行為時，同時否定掉隱藏在事件後面的愛。改變自己的寬容度，是獲得愛的極簡模式。

從前我討厭鏡子反射的模樣，那讓我感到害怕和自卑，如今我可以直視鏡子，並對著自己說：「你就是我，你這傢伙還不賴呢。以前的那個我，真的回不去了，可是你很棒，因為你仍然選擇了勇敢活下來。」奇蹟不是活了下來，奇蹟是有勇氣活下去。既然活下來了，就要活下去，不只活，還要活得精彩，就用這個「特別」的模樣繼續吸氣吐氣吧。

習慣擁有的人，總是不擅長失去。其實，接受，並不委屈，因為美好還在前方等著我，即使我還看不見它在哪，不確定它的方向，也不知道它會是什麼驚喜。突破，並不困難，我抓住了不想再失去更多的信心。何況有時候的失去，不一定是真正的失去，只是用一個不在自己計畫裡的方式擁有罷了。只要我一直沒忘記，那麼它就不曾離開過。

當我不再關注失去的，
才發現我擁有的其實很多，
才知道我應該要更珍惜，
就像一直在我身邊的家人們。

## 有人不了解你，不代表你不值得被了解

或許所處環境讓人感受不到被愛與被接納，或許人們根據表象下了不恰當的評語，或許人們對於你的遭遇不是那麼在乎。無論如何，請不要對自己失望。別人說的很慘、很可憐、很不好，從來不是因為當事人不夠努力、不夠勇敢、不夠資格。

很多人做出錯的定論，是在於他還不夠了解，但這並不代表你不值得被了解和被愛。感謝上帝讓我知道，即使沒有人愛這樣的我，我還有一位深愛我的天父，祂總是我安全感的來源，更是我最強大的後盾。也讓我知道，除了上帝，我還擁有一群愛我的人。愛我的人，不是因為同情，而是因為伸出同理的手，並打從心底接納我欣賞我。

記得有天要出門前，我請媽媽幫我拿一下指甲剪，媽媽轉頭正要去拿，就隨口問我「你是要剪手的、還是腳的？」我看著媽媽，然後突然大笑了起來，「我又沒有腳。」語畢，我們倆笑成一團。

還有一次，我跟媽媽到外面餐廳吃飯，用完餐之後，我拿著牙籤自顧自地剔起牙來，媽媽看了，眉頭一皺，對我說「小姐，你是淑女，要用手遮一下啊！」還滔滔不絕講起他的淑女論，我尷尬地抬了抬左手上臂「我只有一隻手，怎麼遮啊。」媽媽聽了噗哧一笑，我也跟著笑了，而且笑了很久很久。

我們不再一樣了，但我們都忘了「我們不一樣」。感謝天父讓我有一位特別的媽媽，跟我的相處輕鬆、沒有距離，這種愛讓我很自在，可以做自己，也更容易喜歡自己。原來不需要等傷癒合才能展開笑容，而是學著與傷共存，帶著傷仍然活得精彩。

更重要的是，如何看待發生在我身上的事。如果是以同情的眼光接近彼此，或許只能建立「施捨者」與「被施捨者」的關係，這段關係不只不長久，也很難平起平坐，自然不會有「朋友」的對待。

活出怎樣的人生，就吸引著怎樣的人。讀國中的時候，我就是大人嘴裡說的那種「愛玩」的學生（其實，很多時候我們只是需要更多的關心），好像不愛讀書的學生，就只能是大人眼中的「壞孩子」，好像思考獨特，就非得被視為怪咖一枚。

長時間缺乏關注與愛的我們，常常徹夜狂歡，玩到不想回家，處在失溫的環境，我們聚在一起打屁聊天，互相取暖，彌補在學校和家庭找不到的溫度。那些朋友，是一群跟我一樣被視為屁孩的人。

車禍後，我失去自信，若有人願意靠近我我就會充滿感激，我甚至願意無條件付出所有我能做的（雖然不多），於是我結交了一群會占我便宜的朋友。軟弱無助、失去方向的當下，在我身邊也出現了一些憂鬱、失眠，不知道接下來的人生該怎麼辦的朋友。在我選擇要好好站起來、振作時，我身邊出現了一些積極向上的朋友。

**很多東西已經不在了，但我還是可以很幸福。**一個讓人覺得精彩的故事，通常不會平鋪直敘就走到尾聲，而是高潮迭起才會引人入勝。所以自然不是無止盡的快樂與歡笑，而是有起起落落、曲折與離奇，才會使人更加入迷。從前失去的，將會用不同形式回到你身邊，因為你會經歷你所相信的。

# 這樣的我們，依然是朋友嗎？

看著同齡的人跑跳，我卻只能顧包包，
無聊又鬱悶的情緒，長成毒根大樹。
表達感受，才能保護並尊重彼此關係，
練習原諒，則是砍斷毒根的巨斧。

## 有苦不說出，讓彼此距離愈來愈遠

穿上義肢、大概兩三年的期間，使用上還沒像後來這麼靈活。有一次，我不知道哪來的膽子，鼓起勇氣報名青年一日遊的活動。那時候，我很沒自信，自卑的認為沒有人願意跟我當朋友，但我仍然希望有朋友可以聊聊天。在青年營會的邀約之下，即使擔心慢熟的個性和聽力受損，不能融入大家，還是雀躍答應參與這個活動。

那天，我們先去了臺中草悟道。草悟道最讓人印象深刻的，就是一大片的綠地與廣場，每到假日都會聚集很多民眾。一開始的活動，是坐在草皮上的團康活動，因為初期的我，並無法像現在這樣穿義肢站這麼久，更別說蹲下來的動作，是完全無法做到的。

我只好坐在遠遠的後方，距離他們大約兩百公尺遠吧，只有那裡有適合我、可以伸展鋼鐵腳高度的椅子。

看著本來互不認識的人，聚在一起有說有笑的團契，而我身旁卻一個人也沒有，感覺有點落寞，也有點寂寞。我開始變得像小時候那樣，希望這個活動趕快結束，心中吶喊著「我不想參加了，我也後悔參加了，這一切跟我想的不一樣，為什麼我還是一個人孤伶伶的？說好要陪我的人在哪呢？」

大概過了一個小時吧，我們往草悟道另一個定點移動。此時，有人提議要玩「鬼抓人」，其他人也開心的附和著。帶領者突然轉過頭來，我興奮地以為他終於看見我的需要了，結果他卻對著我說「你不能跑，也不適合一起玩。」接著，他派了一個任務給我，就是請我幫大家顧包包和衣物。

於是，我又坐在椅子上了，只不過換張椅子坐罷了，然後身旁還多了個十幾二十幾個包包「陪」我。嘻笑聲傳進我的耳裡，看著他們快樂的追逐著，我心裡很不是滋味，且感到非常的無趣，開始怪自己幹麻答應要來，忍不住埋怨「我斷手斷腳欸，怎麼能叫我顧這些貴重的東西，萬一有人來搶，我根本追不上他啊！」「奇怪，不是你們一直邀我來『一起』玩的嗎？怎麼整個活動過程，一直把我丟在一邊呢？」

回到家，我還是很鬱悶，只是什麼也沒跟別人說。當然，我曾經試著正向思考，想著「一定是他們信任我，所以才把包包交給我顧」，但心中那種很孤寂的感受卻是如此真實，我這樣想只

我一度為交不到朋友感到沮喪。
我企圖走出去、為自己勇敢一次，
沒想到，反而凸顯自己的格格不入。

是粉飾太平罷了，就像把垃圾丟在角落，以為眼不見為淨，偏偏放愈久，味道愈重。

我開始想，如果我不能勇敢地說出感受和想法，以後還是只能像這樣強顏歡笑。若當時能勇敢拒絕帶領著的安排，說出想要參與活動的渴望，可能就不會這麼憂鬱了。

幾十年過去，我可以勇敢為自己發聲了。在面對類似的事情，對現在的我來說，拒絕或表達想法，不再是一件困難的事。我曾經看過一本書，裡面有一句話讓我印象非常的深刻「我絕不放棄任何一絲我能說話的權利。」

這句話有一股強大的力量。**愛自己、在乎自己的表現，最重要的就是傾聽自己內在的聲音**。拒絕別人這件事的確很困難，但有時候拒絕是為了保護彼此的關係，避免互動過程產生摩擦，累積在心裡。有苦說不出，關係就漸行漸遠了。

## 適時拒絕，保護得來不易的友誼

拒絕是想保護彼此關係的一種方式，避免自己落入不必要的責任裡，因而在心中產生荼毒或不甘心。這些無形的情緒往往是最鋒利的刀刃，不只在彼此心裡作怪，也會在友誼關係裡劃出一道又一道的傷痕。疼痛，會在遇見對方或想起對方時發作，導致不想再與他說話，甚至乾脆不要見面，好不容易搭起的關係又斷裂了。

我很常聽到朋友說的，就是誰誰誰又要跟他借錢了，或誰誰誰又食言。沒照約定好的時間還錢了。我曾經也以為朋友之間就應該要有福同享、有難同當，應該拔刀相助、來者不拒，畢竟我們是以好朋友、好閨蜜、好哥們相稱，萬萬沒想到深刻的情誼只要扯上「錢」這回事，就會變得如此弱不經風。

記得我發生車禍後三、四年吧，有個國中還算要好的朋友跟我借錢，雖然金額不大（可以說很小），但我當時並沒有收入，還是得先跟媽媽「周轉」一下，才能借他。只是錢借出去之後，本來三天兩頭都會線上聊個一兩句的我們，好像變得沒這麼熟悉了。某天，我突然想起這件事了，開啟了久沒點開的對話框，提醒他記得還錢。事後，錢是還了，但我們之間就再也沒聯絡了。

適時說「不」並不殘忍。這是為了保護彼此關係的必要智慧。能力許可的範圍內，若真的很想幫助朋友，就直接給予吧。給予的動機是在於真心愛他且關心他，又不想彼此尷尬，不希望借錢這回事成為兩人之間的芥蒂。

在那棵用不舒服的情緒灌溉的大樹茁壯以前，要學著勇敢表達自己的感受（就算想法不會被採納），或適時的拒絕他人的請求（需要透過有智慧的表達方式）。砍斷毒根，別讓友誼的沃土，種出憤怒與不饒恕的大樹。

## 這樣的我們，算得上朋友一場嗎？

很多人都問過我「你的朋友（指車禍時載我的那個）在你全身著火時，為什麼沒有出手救你，甚至連報警都沒有，反而自己跑了？這算什麼朋友。」我跟這位朋友剛認識不久，但那時我對朋友的定義很薄淺，以為在無聊時能和我夜遊狂飆的，就是好麻吉。剛甦醒時，我也這麼想。我心中憤恨不平：

「我們不是朋友嗎？為什麼你選擇在機車爆炸瞬間逃跑，放我自己一個人燃燒，燒到全身焦黑、心跳停止？」

「我們不是朋友嗎？為什麼從車禍後到復健，到我穿上義肢可以走路，你都不曾問候過我？」

「我們不是朋友嗎？你以前都說會挺我，為什麼事情發生之後，你從來沒有來看過我？」

我有過很多很多的為什麼。疑惑的背後，只有他才能給我答案，然而事情發生到現在，十多年了，我還沒等到答案。後來，答案是什麼，對我來說已經不是這麼重要了，因為——你是我的朋友，而我選擇相信你，如果你知道那天會發生這一場這麼嚴重的事故，你一定會再勇敢一次，哪怕只有五秒的勇氣，就只為了拉我一把。

至少我心裡還是這樣認為的。的確，我曾經恨過他，巴不得他跟我受一樣的苦，只要看見自己的模樣，疑問句就會不斷在心中重複。想著每天活在換藥、復健、開刀、自怨自艾裡，經歷千刀萬剮的疼痛，生不如死的折磨，卻不知道他在做什麼時，就恨的牙癢癢的。

有一天，我拿著酒猛喝，以為把自己灌醉會好過一點，卻難過到哭倒在地上。媽媽聽到聲音，來到我的房間，抱著喝醉酒仍然痛苦揪心的我，最後說了一句「放過自己吧，不要把以前的失誤，拿來折磨現在的自己。」這句話像當頭棒喝，突然讓我清醒了。

我不知道他在哪裡，但我想要告訴他，過了這麼久，任何傷害都過去了，我可以平心靜氣的面對了，也不希望他自責下去，跟我一樣，練習放下吧。只要他願意出現，我們仍然是朋友。誰都不想要發生這樣的事情，角色互換的話，我可能也會嚇到腦袋當機，逃之夭夭。

因為這場車禍，媽媽為了我跑進跑出，官司打了一年多，最終法官判我勝訴，我卻一點都開心不起來，因為這場車禍已經讓我敗的一蹋糊塗。雖然賠償金額有一千多萬，對重建手術的花費而言，雖然只是冰山一角，仍不無小補。幾年後，我跟媽媽都決定放棄追討。

饒恕，並不是吃虧，是幫助自己能夠放下，並且為自己的人生寫下下一頁的奇蹟，當有著「我並不是個受害者」的心態，就可以深信我活下來的奇蹟，是能夠祝福許多的人。一路走來，人們給予我的，我也願意給予每一個人。

靠著那加給我力量的，凡事都能做。（腓立比書4：13）

在信仰裡愛的完全，才能夠對「這場意外的車禍」有著不同的詮釋與看見，當年是我自己不想回家，朋友出於善意帶著我去逛逛，後來就發生意外了，誰都不願意發生這樣的事情，誰都不想看到這樣的結果。放下，是因為不想再讓傷痛綑綁我的人生（雖然直到現在，我仍然承受著許多超乎一般人想像的痛），但挫敗都成了我茁壯的記號。選擇去做，就擁有饒恕他人的能力。

## 環境的考驗，讓生命更加擴張

在人生的路途中，傷害和困難總是突如其來。往往不能期待先得著力量、資源再正面迎戰，因為很多事情都在我們沒有預備好時就到來，用一個讓人措手不及的方式到來。

萬安演習、消防演練、震災演習等，很多專業人士為了民眾的安全與健康做預備，有時候民間團體也會有相關活動，需要練習的事情還真是不少，練習的確也幫助我們知道如何在緊急狀況之下做反應，這些練習雖然不能避免全部的災害，但少了這些練習，有突發事件時，會更讓人難以招架。

只是困難冷不及防、難以預測，每當災害悄悄來襲，我們便會陷入憂慮和恐慌。過去的媽媽常常提起，得知我發生車禍的那個當下，他還一度認為是詐騙集團的把戲，他趕到醫院時，透過幾張恐怖的照片，才終於確認這個意外比真實還真實。

我猜，那幾張照片的可怕程度，絕對不亞於鬼片，因為主角是我，他的女兒變得讓人頭皮發麻。那陣子，媽媽只要聽到救護車的聲音，腦海裡就浮現我在火海中、呼喊著「媽媽快救我！」的畫面。

意外發生在自己家人身上時，媽媽陷入了愁雲慘霧之中，那時的他表面堅強，在沒人看到的寧靜夜晚，他只能靠著酒精麻痺自己，如果不把自己灌醉是睡不著覺的。對於我能不能活下來，醫生始終無法給出一個確切的答案，畢竟我燃燒了一個多小時，受傷的實在是太嚴重了，醫生說過「若不截肢，活下來的機率是百分之零。」

無論在我的書裡，在演講的場合，在訪問或報導中，我常常強調「信仰」是我一路走來的支撐之一，我很確定如果沒有信仰，我無法撐到現在，更無法活得如此驚人。很多人可能會想問：

「既然天父上帝如此愛你，那為什麼要讓我出生在這個曾經缺乏溫暖的家，甚至必須遭遇這樣的困境與挫折？」會提出這樣的疑問，可能只看到事情的表面，即使意外真的發生，也不能全盤否認一切。我之所以能夠愈走愈好，是因為我必須離開受害者的思維，才能成長，朝著真理的方向前進。

事實是，並不是天父讓我出生在這個充滿問題的家庭，而是這個世界本來就充滿著問題。這是我在開始演講後、接觸了許多的人、聽了許多故事才知道的。以前我活在自己的世界裡，總覺得這世界只有自己這麼不幸。

人生中的挫敗和阻礙，並非要把一個人置之於死地。某些事某些人是化了妝、隱藏在背後的祝福。一件事情的發生，不是只有不好的一面，而是美好的一面只留給了堅持、不妥協的人。

**不要讓任何人輕看你年少，反要在言語、行為、愛心、信仰、純潔的事上，都作信徒的榜樣。**（提摩太書4：12）

透過環境的考驗和人事物的磨練，生命會更加擴張。回頭看時，才會發現原來我可以這麼勇敢，天父一路加添力量，讓我們走出這些困境。事到如今，我可以幫助跟我一樣困在困境中的人，因為人總是需要幫助，去支撐人生中偶發的不順遂。

## 苦難無法預防，但原諒可以練習

我練習原諒，我練習放下。有人會說我傻，說我虧大了，但我覺得我並不是傻，並不吃虧，這樣做是嘗試用關係的角度去看待每一件事，減少憤怒與仇恨的產生，既然傷害已經造成，還是可以靠關係讓傷痕逐漸消失。除非是自己緊抓著不放，不然沒有什麼傷害是過不去的。或許我也曾經因為無心傷害過某些人，我也希望終將獲得原諒。

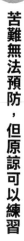

我可以活在一種處處想著他人總是要傷害我的情境，我也可以選擇過著一個不被他人傷害影響的生活。即使我聽見了別人對我的批評或加諸的傷害，我還是抓著能夠活出精彩的信念，並往前走。不是抓著傷害，是抓著天父給我的應許。

人生很不公平，也很公平。因為每個人都有選擇的權利，選擇繼續在怨恨裡載浮載沉，或選擇游到岸上，破除自縛的框架，選一條有別以往的路走下去。沒有可不可以，只有願不願意，放下傷痛，我們都能突破盲點，拆穿似是而非的謊言，那個足以改變人生的謊言。人的智慧往往都是在困境當中被釋放出來的，取得智慧的前提是「面對」。

就像失戀的人，身邊朋友能夠陪你勸你逗你，但終究還是需要面對情感付諸東流的無力，才能真正的重新出發。放下不服輸的憤怒，與不公平的怨懟，回憶很美，但不應該過度執著，才能開始療癒自己的悲傷。

原諒，不是一個道理，而是一個決定。我們在成長過程中總是會有小差錯，畢竟人並不完美，而我們總是期待被原諒被善待，耿耿於懷並不會讓事情出現任何轉圜，原諒別人的同時，也是讓自己釋懷。若相信傷害能帶給你傷害，就會感到疼痛，相信傷害不能夠影響你，就能夠繼續地活出美好。我做到了。

我曾經親身經歷過，所以知道「不是選擇了原諒，就會開始原諒」。起初真的會做不到，甚至一日意識到要做出這個選擇的時候，就會因為想到從前種種而感到更憤怒。沒有捷徑，只能練習，一次又一次的做出原諒的決定，就像砍大樹必須不斷地揮動手中斧頭，一次又一次的砍下去，直到大樹傾倒。

練習原諒，也是直視傷害的一種方式，面對之後，將感覺到愈來愈輕鬆，也愈來愈容易做到。不管誰傷害我，我都決定原諒他——這是「我」的決定，「他」不能再限制我的人生。

耶穌在被釘上十字架後，祂說了最後的一句話。耶穌說「**父啊，赦免他們，因為他們不知道自己做了什麼。**」（路加福音23：34）說完，耶穌就氣絕而死了。耶穌教會了我，不論我是誰、不論我的身分，我都有能力去饒恕那些，曾經嘲笑、傷害、霸凌我的人。

我嘗試張開不太健全的雙臂，
擁抱帶來傷害的每個人每件事。
當我決定要去原諒，
傷痛就無法繼續限制我的人生。

# 愛一直都在，不曾離開

成長過程批判的話語和目光，
烙下憤怒印記，甚至用叛逆表達自己。
饒恕，讓我重拾感受善意的能力，
才知道媽媽是從膽小的女孩，成為偉大的母親。

## 批評的目光與話語，烙印的憤怒印記

有一次，跟朋友聊天，聽著他訴說對自己人生的不滿。在聽他訴說的過程裡，我彷彿看見曾經的我。曾經的我也是一個一直感受不到有人愛的傢伙，我企圖將隨之而起的憤怒，用自己容易掌控的方式呈現，叛逆與唱反調是我最常使用的伎倆，即使我心裡根本不想這樣。

我把不滿轉移成對校園生活的反抗，活出那段輕狂的模樣。哀傷、不滿、憤怒的情緒彷彿烙印在我的身體上，遍滿全身，那時的我蹺課、喝酒、抽菸、飆車、晚歸，用誇張的行為引人注目，用荒唐的行動展示孤獨和不滿。

我靜靜地聽著朋友抱怨。最後，我只說了一句話「愛一直都在，唯有打開心房，才能感受到它的存在。」朋友回答我「我無法，也不想。」說真的，我並不排斥這樣的人，因為他就是曾經的那個我，每個人不免被傷害，只是在面對傷害時是用什麼方式來處理。有的人透過跑步，有的人獨自旅遊，有的人躲在電玩世界，也有的人用性與暴力來發洩。曾經的我，選擇跟朋友玩通宵。透過錯誤的方式來發洩，無法宣洩負面情緒，最後只是傷害自己來感受活著的真實。

有次，我上廣播電臺接受採訪。在節目的最後，主持人問我有沒有什麼話想對聽眾說的，我回答了當時對朋友說的那句「愛一直都在，唯有打開心房，才能感受到它的存在。」採訪結束之後，主持人問我「那為什麼你以前感受不到愛呢？」我說「因為不饒恕。」

即使每個人的成長背景不同，或多或少都有被否認、批評、冷言冷語的時候，有時是自己最在乎最親愛的家人說的，有時是好朋友說的，有時可能是根本不熟、只是互看不順眼的人說的，當負面的話語和感受累積到了極點，又沒有恰當的安撫與釋放，情緒就會「爆炸」，甚至說出不該說的話。

以前，被媽媽念的時候，我最常對他說的話就是「我又沒有叫你生我，是你自己要生我的。」那時，我還只是個小屁孩（雖然這不能當藉口），卻無法體會這句話對媽媽有多傷。因為自己曾被傷害，也讓自己成為輕而易舉傷害別人的人，就算內心深處並不想這麼做。但因為不知道怎麼做才能改變現況，就將怒氣轉向別人。

## 同理對方，才會看見他的善意與付出

車禍以後，我常常有事沒事就問媽媽「為什麼我住院之後，你才這麼愛我、對我這麼好？」媽媽總是告訴我「我一直都很愛你。」原來，他以前沒空陪我，並不是因為他不愛我不想陪我，而是拚命工作，希望有一天能夠早日把我和哥哥接過去和他一起住，想讓我有好的生活品質，也想讓我讀好的學校。

以前的我，怎樣也感受不到愛。有時候，做錯了，被罵了，就乾脆把錯都推到大人的身上「我又沒有逼你生下我！」「為什麼要把我生下來？」這些傷人的想法，我卻能毫不遲疑的直接對著媽媽講，總是活在一個無力的心態裡。

生活中被傷害、被瞧不起、被冷眼冷語的環境，使我無法饒恕父母，我撇清所有責任，認為全是他們造成的。當憤怒被傷害給淹沒時，心會失去「感受」的能力，失去了感受的人，就無法感受被愛的溫暖，怎麼看都會覺得全世界欠你、欺負你，逐漸失去對愛的信任。

一場車禍，讓我重新來檢閱過往走過的世界，開始知道「同理」的重要。當我們能夠同理對方（前提是你需要先接受被愛），就能感受到對方的心境和痛苦，同時知道他們的善意與付出，甚至會願意為他們多想一點，或許對方做的某件事，也千百個不願意，只是生活的壓力大到了極點，才會做出不恰當的舉動。

此刻的對方，最需要的是被愛的感覺。當自己也承認自己也需要愛時，更能同理對方也需要被愛。我們要做的，不是用從前的遭遇去還擊，而是要用善意去回應對方的躁動和不安。

得到一個人的心，不是因為自身的條件或能力，而是願意成為那個比別人更愛他更關心他的人。就像我在五年級時，就遇到一個願意理解我鼓勵我的老師，那陣子，我的個性變得柔和許多，也喜歡去學校，只要是老師說的，我總是願意聽下去。

在此之間，我遭遇到的是，媽媽口口聲聲說愛我，卻丟下六歲的我、頭也不回的離開家，三天兩頭說愛我，卻為了工作、很少待在家、放我一個人面對空蕩蕩的房子，這些我想不通的事情，在我開始理解媽媽離開家的原因後，一切都有解了。或許，離開是當下最好的選擇。換成是我，我不一定能做得比媽媽更好。

媽媽何嘗沒有挽回過婚姻，他盡力溝通，努力照顧家庭，只是無法改變他人，只能改變自己，所以選擇離婚，離婚是盡了力的兩個人，一起做出的決定，不該再去爭論誰對誰錯，每個人的感覺都很真實，每個人講的都有自己一番道理。

下了這樣的決定，不代表媽媽不愛孩子，我和哥哥仍然是他的心頭肉，他離開時，也受傷了，好幾年他都是帶著關係碎裂的悲傷、無法每天見到我和哥哥的痛，努力地生活著。

曾經我怨恨媽媽在童年的缺席，
後來才知道有些事他也是千百個不願意。
現在我們不見得時時刻刻黏在一起，
但我們母女總是看著同一個方向。

## 讓失溫的關係逐漸沸騰

即使知道這個世界總是讓人受傷，卻仍然願意繼續選擇以良善對待他人，就是饒恕。我發現，饒恕帶來的力量，可能勝過好幾顆原子彈的威力。許多人無法選擇饒恕，就難以去感受溫度，一個失了溫的人，又該如何給人幸福、給人愛？

火焰燃燒地再旺，仍會因為冰冷而熄滅，冰與火很難同時存在，就算強求在一起，也會挺辛苦、挺難熬的。因為當其中一方好不容易升起了火，在碰到對方的冷漠時，就瞬間熄滅了，或許為了讓彼此距離靠近一點，只好不斷地生火，可是熱情始終得不到回應的話，溫度只會跟著冰冷的那一方下降。只有選擇放下、不再緊抓著恨，才能夠讓冰冷的自己，得到溫暖。

沒有一把火能夠永遠點著不熄滅，沒有一個人不會不經歷被傷害的感覺。傷害不僅可能讓本來關係緊密的兩個人愈走愈遠，也可能因為失去對人性的信任，開始疏遠身旁的每一個關心自己的人。這種時候，不要再反覆思考誰對誰錯，就直接去愛吧。不去反覆關注那些傷痕時，傷口就會癒合得快一點。

需要被愛的當下，要做的就是付出自己的愛，需要饒恕的時候，要做的就是去饒恕人，需要快樂的時候，那就去給人快樂吧。成為那個主動出擊的人，不需等著他人來做，因為每個人都有能力改變世界。

人與人之間，之所以願意靠近的關鍵，是發現自己正在失溫時，趕快想辦法讓自己回到正常的溫度，關鍵辦法之一就是原諒，還有就是去愛，有愛人的能力，就會有愛自己的勇氣。很奇妙的是，這會讓人有一種莫名的喜悅和滿足。

原諒是選擇。很多人感受不到愛的存在，常常是因為緊抓著了許多無法原諒的回憶。我以前就是這麼一回事。所以一直無法感受到那些愛我的人就在身邊，就算很多人直接了當的告訴我他們的關心。當我遍體鱗傷時，我選擇暫時不去看自己的傷，並嘗試去饒恕，饒恕讓我的傷口不再那樣疼痛，也有能力去感受他人的愛，甚至把愛傳下去。

愛一直都在身邊，即使對方沒有用我們要的方式來愛我們，我們仍然可以在某些部分看見愛，並去發現愛。有個親戚說，他下班回家累都累癱了，幾乎不和妻子和孩子互動，他總是回到自己的空間，自顧自的上網。他的老婆多多少少也抱怨過這件事，而且他開始覺得夫妻關係、親子關係都愈來愈糟。

還好，這個老婆很有智慧，才讓本來的烏煙瘴氣獲得改善。他不再去看老公讓他不滿意的地方，而是想著老公的好，如何的為家庭的付出、任勞任怨。想著想著，老婆恍然大悟，以前他跟孩子總把老公、爸爸的辛苦視為理所當然，不曾為此感恩。

後來，老婆練習把感謝說出來，孩子也有樣學樣跟著稱讚爸爸，漸漸地一家之主的態度改變了，行為也改變了，回家不再只是想要一個人靜一靜，而是願意融入孩子與太太的生活中。這個老婆感恩先生為整個家的付出，說出貼心的話，現在先生下班回家偶爾還會替家人準備小驚喜。當愛進來的時候，你就能夠真實的感受到對方的溫度，饒恕後才會看見，原來愛、恩典一直都在，不曾離開過。

## 曾經膽小的小女孩，為了我堅強起來

國中時（車禍前），有次才剛放學就接到媽媽打來的電話，電話裡頭的他，要我沒事快點回家，因為他很害怕。媽媽的口氣充滿恐懼，彷彿正面臨什麼大事情。那天，是我第一次這麼聽話，放學沒找人一起出去玩，而是馬上衝回家。回到家、進到屋子裡，看起來家裡是好好的啊，既沒有被小偷翻箱倒櫃的樣子，媽媽看起來也挺從容不迫的模樣。

還在想，是不是媽媽為了不讓我出門，刻意演這一齣詐騙戲碼（那我也太好騙了吧）。把書包拿回臥室的途中，經過廚房，瞥見散落一地的青菜。

「到底發生了什麼事情？」媽媽看著我，突然想起些什麼似的，緊張兮兮地提醒我「你不要走過去廚房那喔！」驚恐的眼神，彷彿那一地的青菜是什麼洪水猛獸。我一頭霧水「蛤，怎麼了啊？」

「我想說難得休假嘛，就去市場買了菜，想說開火煮晚餐，等你放學我們可以一起吃啊！結果，洗菜洗一洗，居然看到菜蟲，嚇到我趕快把整包菜丟到地上。你不要走過去啦，那邊有蟲啊！」

那堆菜總不可能散在那吧。於是，我很淡定的走進廚房，在那堆菜裡找蟲、挑蟲、抓蟲，殺個它們片甲不留。再把菜揀一揀、洗一洗、炒一炒，母女倆還是一起吃晚餐。

車禍之後，媽媽總是說我變了，變得更成熟、做起事來更認真。其實，我覺得媽媽也變了，而且變很多。他不只不再因為菜蟲而驚聲尖叫，還可以在梯子爬上爬下，換燈管、清理冷氣。有次，晚上澡洗到一半，熱水器壞了，廠商都下班了，他乾脆自己研究到底哪裡壞了。曾經是看到血看到傷口就怕到睜一隻眼閉一隻眼的他，鼓足勇氣為我燒傷潰爛的傷口，小心翼翼的換藥。

如今媽媽為了一個截然不同的女兒，做出無數次極度爭扎的決定。為了愛一個不一樣的我，他試著去了解我的內心世界。為了愛一個不一樣的我，為了我從小到大的心願，也聽說養寵物能療癒心靈，很有潔癖的他，依舊願意養狗來陪伴我。

人生的路上，我與他都在學習，學習做貼心的兒女，學習成為個有智慧的家長。媽媽曾經也是那個總是被呵護的小女孩（以前的我好像比他勇敢），如今為了愛我，他必須堅強起來。因為有勇敢的他，才有了勇敢的我，還有他一次次的眼淚，堅定我好好地活下去的勇氣。

我知道未來不可能一帆風順，
明白有時並沒有想像中的勇敢。
但我可以哭，可以犯錯，可以不完美
我的價值不會因為這樣就被改變。

## 又一趟特別的旅程——

# 以色列，我來了！

我們教會每個月的禱告會結束後，會以以色列的教會為對象，每個人按著自己的能力與感動奉獻。大家的奉獻會定期寄送到以色列當地的一間教會，那間教會的牧師年紀很大，有七、八十歲了，他一直在做的一件事，就是幫助當地貧窮家庭的孩子，讓他們有食物可以吃。

### 付出，不用刻意等待

照理說，我是很需要被幫助的，畢竟我只剩一隻手。但我和媽媽始終覺得自己的生命，其實可以付出的更多。愛，就是看見他人的需要並給予，這不是等到自己發大財、賺大錢才來做，而是視自己當下的能力來奉獻，哪怕只是那麼一點點小心意，都是非常重要的。這是我加入教會超過十一年所學習到的。不管收入多或少，只需要小小一個部分，就能幫助他人許多。

我們給予他人從來沒有少過，但這並不代表我有壓力，因為都是按照著自己的能力去付出。我的個性算是低調（雖然我的外表無法低調），即使是幫助他人、捐錢給機構、購買物資給獨居老人，我也很少聲張，有時候講，是為了拋磚引玉，並非得到他人的肯定。我自己知道我在做什麼，那就夠了。

對以色列（Israel）這個國家，我並不陌生，因為以色列跟我的信仰息息相關，從聖經裡，就能讀到當地過去的文化與一些經常被提起的地名。不過，我還真的從來沒有想過，此生有機會親自走一趟以色列。很難想像，以色列這個國土面積不到臺灣三分之二的國家，竟然是中東地區唯一一個已開發國家。首都耶路撒冷（Jerusalem）的宗教地位更是不容忽視，它是猶太教、基督教、伊斯蘭教等三大信仰的聖地。

記得在二〇一七年下半年，教會裡就開始討論要組團去以色列旅遊，人數以三十人為限。媽媽第一時間聽到，就說他一定要報名，然後還自作主張要把我留在家，照顧兩隻狗狗。一聽到媽媽打的這個「如意算盤」，我馬上舉牌抗議，因為我也要去啊。

於是，我們兩個人一起報名了以色列之旅。這是我去過最遠的國家，也是時間最長（十天）的旅行。等待旅程即將展開之際，我幾乎天天都興奮到睡不著覺。

讀聖經常讀到關於以色列的故事，如今終於有機會親自前往當地走一趟。在以色列的十天，天天都在開眼界。

## 很硬的行程，很暖的過程

桃園機場到以色列的國際機場沒有直飛的班機，前前後後加起來總共要飛了十二個小時，這可真的是苦了我的腿，航程後段時，我的腳脹到不行，非常的難受。其實，這是我在報名當下就想到的了。牧師同樣擔心我的狀況會吃不消，因為聽說以色列的行程「很硬」，有的行程甚至連一般人都覺得很辛苦。

實際狀況是，我讓大家刮目相看。回國後，牧師還大力讚揚我的體力與耐力，說我堅持到底的態度讓人大開眼界。因為我幾乎每一個行程都走好走滿，只有兩個地方不得不放棄。一個是地下水道的遺址，因為鋼鐵腳是不能碰水的，如果允許的話，我一定會衝下去，畢竟玩水是我最喜歡的事。另外一個景點在山上，由於路途陡峭不輸雪山，我就一個人在山下等，等的時候看到好多不同膚色的人經過，每個人都熱情地跟我打招呼，我也熱情以對。

這趟旅程，讓我記載著滿滿的愛。有天，我們去到了拿撒勒（Nazareth），拿撒勒是以色列北部區城市，位於歷史上的加利利地區（Galilee），居民多數是阿拉伯人基督徒。我們一邊遊覽城市風光，一邊聽導遊說故事。導遊為我們講解這個城市的故事，讓我們更深刻的了解聖經裡說到的情境與文化。

雖然穿鋼鐵腳走行程，
我還是盡量跟上大家腳步。
（在大衛城留影）

走著走著，有個當地婦人突然充滿熱情地擁抱了我，並且紅著眼眶告訴我「神愛你。」我愣住了，也覺得有點尷尬，因為現場的人實在太多了，大家都看著我，可是我也忍不住紅了眼眶。天父總是像這樣，不斷地透過所處環境的人事物，來向我傳遞祂對我的愛意，即使是在遙遠的以色列，仍然如此。

突如其來的一個擁抱，讓我感受到一股暖流（雖然以色列的天氣已經夠熱的了），這個感覺無法用言語或文字來形容，我只能說，這股暖流讓我起雞皮疙瘩。後來，我們繼續接下來的行程，去看了綿羊群，也跟牧羊人照相合影。

即使在語言不通的國度，
天父仍持續以不同的方式，
傳遞祂對我的愛意。
（我與牧羊人合影）

其實，牧羊人在以色列當地，是很平常的一個職業，他們的工作就是負責牧（放牧）養牲畜。只是看在我眼裡，覺得超級特別的，是一個我沒有親眼看過的工作，而且他的樣子，就像從電影裡走出來的一般，讓我好想跟他同框。

接著，我們去到了約旦河（Jordan River），這條河是西亞地區很重要的一條河流，也被稱為最神聖的一條河。根據聖經記載，耶穌當時就是在約旦河受洗的，因此有許多的人，專程跑來這邊給牧師洗禮，大排長龍的人都是等著被受洗的朋友。

約旦河的地位之所以如此神聖，是因為約旦河幾度被寫在聖經的故事裡。耶穌曾經多次渡過約旦河，信徒也會渡河來聽祂講道或治癒疾病。遇到反對者要來抓祂時，祂也是前往此處避難。另外，施洗者約翰亦是在這個地方為人洗禮、勸人悔改的。

突然，我的肩膀被拍了一下，一轉頭，就看見以色列當地導遊手裡拿著卡布奇諾，遞到我的面前，說要請我喝。我大方的接過這個禮物，可惜，英文太破，無法說更多感謝，只跟他說了聲「Thank you！」我就拿著咖啡邊喝邊走邊逛，同團友人看到都異口同聲對我說「你真的被許多人疼愛呢！」

## 遇見和我一樣的鋼鐵腳

這趟旅程中，我所遇見的外國人，都對我非常友善，時不時地就跟我打招呼，這讓我感受特別的深刻。我就想，如果今天的我沒有受傷，或許我體悟到的愛，就不會如此強烈了。身邊的人事物在在證明我活下來的奇蹟，我是一個值得驕傲的禮物。

印象中，某天晚上回到飯店，在等電梯的時候，我跟媽媽正有說有笑地聊著天，這時，我的肩膀又被拍了兩下，回頭一看，是一位外國面孔的女性，他霹靂啪啦地說了很長一段的英文，我鴨子聽雷（驚覺英文真的好重要）。大概是看我聽得一臉茫然，他索性直接把幾乎碰到地板的長裙拉了起來。我一看，全都懂了——他也有鋼鐵腳。當下我很震驚，還來不及表示什麼，只見他對我比了比大拇指，就離開了我的視線。

隔天，我們在飯店的餐廳再次遇見彼此。我們兩個有默契地都穿著短褲。我趕緊找了一位會說英文的朋友當翻譯。他說，昨天在電梯口遇見我時，他也驚訝不已，因爲我毫不掩飾地露出鋼鐵腳，他看見我不畏懼他人眼光的自信，他還稱讚我走路的樣子是如此的完美。我們就這樣透過翻譯，聊了好幾分鐘。

最後，他告訴我，他之所以穿著短褲，是我在無形中給了他無比的勇氣，因爲他看見我接納自己的缺陷，所以他也想要和我一樣，爲自己勇敢一次。他留了聯絡方式給我，並且相當希望我們之間，能有再見面的一天。

原來，我的存在可以給人無比的勇氣。原來，我的生命能夠祝福著臺灣以外的人，即使語言不通，也能心意相通。那一瞬間，我這一路走來的痛苦，似乎全部一筆勾銷了，能夠祝福這麼多的人，讓我非常欣慰，也覺得非常值得。期待未來某一天，我能祝福更多位在世界各個角落的人，不分國家，不分種族，不分膚色，不分宗教。

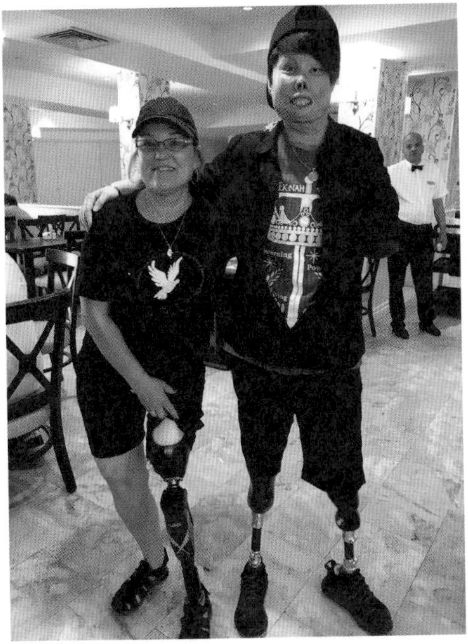

我在八千多公里外的國度，
遇到跟我一樣用鋼鐵腳生活的人。
我們講著不一樣的語言，
卻一樣擁有鋼鐵般的精神。

**國家圖書館出版品預行編目 (CIP) 資料**

我的存在是世界上最美好的禮物 / 莊雅菁著 . --
初版 . -- 臺北市 : 原水文化出版 : 家庭傳媒城邦分公司發行 ,
2020.06
面 ; 公分
ISBN 978-986-99073-1-6( 平裝 )

1. 人生哲學 2. 自我肯定

177.2 109006508

# 我的存在
# 是世界上最美好的禮物

被拒絕，不代表自己不夠好。
有人不了解你，不代表你不值得被了解。

作　　者／莊雅菁
選　　書／林小鈴
文字協力／林子涵
企畫編輯／蔡意琪

行銷經理／王維君
業務經理／羅越華
總 編 輯／林小鈴
發 行 人／何飛鵬
出　　版／原水文化
台北市中山區民生東路二段 141 號 8 樓
電話：02-2500-7008　傳真：02-2502-7676
E-mail：bwp.service@cite.com.tw
發　　行／英屬蓋曼群島商家庭傳媒股份有限公司城邦分公司
台北市中山區民生東路二段 141 號 11 樓
書虫客服服務專線：02-2500-7718；02-2500-7719
24 小時傳真專線：02-2500-1990；02-2500-1991
服務時間：週一至週五上午 09:30 ～ 12:00；下午 13:30 ～ 17:00
讀者服務信箱：service@readingclub.com.tw

劃撥帳號／19863813　戶名：書虫股份有限公司
香港發行／城邦（香港）出版集團有限公司
香港灣仔駱克道 193 號東超商業中心 1 樓
電話：852-2508-6231　傳真：852-2578-9337
電郵：hkcite@biznetvigator.com
馬新發行／城邦（馬新）出版集團 Cite(M) Sdn. Bhd.
41, Jalan Radin Anum, Bandar Baru Sri Petaling,
57000 Kuala Lumpur, Malaysia.
電話：603-9057-8822　傳真：603-9057-6622

封面設計／劉麗雪
內頁排版／奧瑞崎視覺設計工作室 李喬葳
照片提供／莊雅菁
製版印刷／卡樂彩色製版印刷有限公司

初　　版／2020 年 06 月 11 日
定　　價／350 元
ISBN／978-986-99073-1-6

城邦讀書花園
www.cite.com.tw
Printed in Taiwan

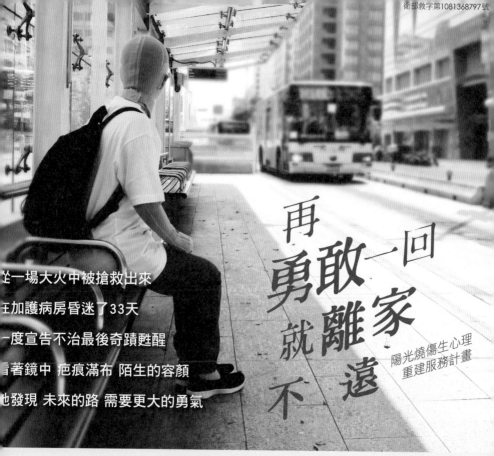

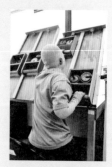